基于英汉文化对比的翻译研究

陈凌燕◎著

文化发展出版社
Cultural Development Press
·北京·

图书在版编目（CIP）数据

基于英汉文化对比的翻译研究 / 陈凌燕著 . -- 北京 ：
文化发展出版社，2024. 7. -- ISBN 978-7-5142-4387-1

Ⅰ . H315.9

中国国家版本馆 CIP 数据核字第 2024MG2891 号

基于英汉文化对比的翻译研究

陈凌燕　著

出 版 人：宋　娜
责任编辑：袁兆英　　　　责任校对：岳智勇
责任印制：邓辉明　　　　封面设计：谢婉莹
出版发行：文化发展出版社（北京市翠微路 2 号 邮编：100036）
网　　址：www.wenhuafazhan.com
经　　销：全国新华书店
印　　刷：天津和萱印刷有限公司

开　　本：710mm × 1000mm　1/16
字　　数：215 千字
印　　张：10.75
版　　次：2025 年 1 月第 1 版
印　　次：2025 年 1 月第 1 次印刷

定　　价：72.00 元
I S B N：978-7-5142-4387-1

前　言

语言是文化的重要组成部分和载体，而翻译是语言之间信息转换的重要桥梁。翻译不仅是一种传递语言符号的行为，更是一种传递文化、意识形态的行为。不同的语言文化差异会给译者忠实地传达原文带来障碍。

汉语和英语不仅在语言上存在差异，两种语言使用者在思维、认知、文化以及价值观上也存在差异，这些差异通常会在词汇、语义、语法和语篇层次上表现出来，给语言转换造成困难。翻译是跨文化、跨语言的交际活动，是一种语言与另一种语言间的转换，但也不是简单的语言转换。翻译既要考虑翻译目的，也要考虑翻译的效果。译者不仅要了解外国的文化，还要深入了解自己民族的文化，并不断地把两种文化加以比较，对两种文化中的含义、作用、范围、感情色彩、影响等有正确的理解，以避免因文化差异而产生歧义，落入翻译陷阱。译者必须处理好语言文化间的差异问题，使翻译真正成为传播文化的媒介、有效地促进中西方文化交流。在此背景下，作者精心撰写《基于英汉文化对比的翻译研究》一书，以期为国内翻译理论的进一步发展略尽绵力。

本书共六章。第一章为英汉语言中的语言、文化与翻译，主要内容包括文化概述、文化与语言的关系、翻译的理论概述、翻译与语言文化的关系以及多元文化与翻译研究；第二章为英汉语言对比及翻译，主要论述了英汉词汇对比及翻译、英汉句法对比及翻译、英汉语篇对比及翻译、英汉修辞对比及翻译和英汉文体对比及翻译；第三章为英汉文化对翻译的影响，主要介绍了英汉两种语言的基本差异、英汉两种语言中习语的差异、英汉典故在两种语言中的异同、英汉文化差异对翻译的影响与制约和英汉两种思维方式的异同；第四章为英汉人文文化对比与翻译，分别论述了英汉饮食文化、英汉服饰文化、英汉节日文化、英汉婚姻文化和英汉建筑文化的对比与翻译；第五章为英汉自然文化对比与翻译，具体包括英汉动物文化、英汉植物文化、英汉山文化、英汉水文化和英汉颜色文化的对比与翻译；第六章为英汉地域文化对比与翻译，主要阐述了英汉方位词文化、英汉地名文化、英汉景点命名文化和英汉旅游文化的对比与翻译。

在撰写本书的过程中，作者参考了大量的学术文献，得到了许多专家学者的帮助，在此表示真诚感谢。本书内容系统全面，论述条理清晰、深入浅出，但由于作者水平有限，书中难免有疏漏之处，希望广大同行及时指正。

陈凌燕

2023 年 11 月

目　录

第一章　语言、文化与翻译

本章论述内容为语言、文化与翻译，主要包括文化概述、文化与语言的关系、翻译的理论概述、翻译与语言文化的关系、多元文化与翻译研究。

第一节　文化概述

一、文化的定义

文化是一个很宽泛的概念，有很多定义和划分方法，这里先从这个词的来源谈起。英语和法语中的文化（culture）一词，来源于拉丁文 cultura，原义是“耕作、培养、教育”。culture 在物质活动方面意味着耕作，在精神修养方面则涉及宗教崇拜，这是西方文化概念的基本含义。近代科技的进步，特别是文艺复兴、地理大发现和宗教改革的推动，对各种文化的区分、文化内涵和外延的研究，使人们对文化产生了强烈的兴趣，便有了新的含义附加在“文化”上，使其成为被专门探讨的一门学问。

“文化”在汉语中早已存在。“文”原指各色交错的纹理，包含纹饰、文章之义。在汉代许慎所撰写的《说文解字》一书中就有“文，错画也，象交文”的说法。这里的“文”指各种象征符号以及文物典章、礼仪制度等。“化”原指交易、生成、造化，所谓“万物化生”（《易·系辞下》），引申为改造、教化、培育等意义。文与化连用，最早似出于《周易·彖传》：“观乎天文，以察时变；观乎人文，以化成天下。”[①] 这里的“天文”，是指自然天体的构成及其规律；“人文”当指人类社会的构成及其规律，包括文明礼仪、人伦道德。而“人文”与“化成天下”相结合，实际已具备了“以文教化”的“文化”一词的基本含义，也就是以人伦教化的方式让人们自觉行动。

---

① 兰喜并．周易解读[M]．太原：三晋出版社，2021．

现代文化可分为广义和狭义。广义的文化，又称为大文化，其关注的重点是人与自然的本质区别，其观点为凡人类有意识地作用于自然界和人类社会的一切活动及其结果，都属于文化。换句话说，文化即“人化自然”，是人类发挥其主观能动性，把人的智慧、创造性、感情注入自然使自然成为被人所理解和利用的对象。人化自然的进行表示人类站在了自然之上，超越自然而进入改造自然的历史进程之中，所以说，文化蕴含着人类独特的生活方式。人的一切活动本质上都具有文化的性质。简言之，文化即“人化”，是人类改造自然和社会进而逐步实现自身价值观念的过程。

二、文化的特征

（一）文化是后天习得的

人类具有动物属性，因此很多动物的本能人类也拥有。婴儿即使没有父母照顾，他也会因本能的反应做一些正常的生理活动，如吃、喝、拉、撒、睡、哭、笑等，但他的这些行为都是不受控制的、随意的，他需要通过后天的学习来明晰这些本能的反应。这就是人们出生后最早接触并要学习的文化。很多基本需求是人与生俱来的、来自本能的需求、来自社会交际中生成和规范自我言行的需求，而后天的学习是满足这些需求和规范人们举止的唯一途径，因此学习是文化最为重要的特征之一。

跨文化交际学的创始人霍尔（Hall）认为，既然文化是习得的，那么人们也就应该有能力传授文化。父母和老师等显然担当了传授者的角色，而不容忽视的是，默默影响和传授文化的还有这个纷繁复杂的社会系统。每种文化的成员自出生后不久便开始学习该文化的行为条例、交往方式和思维模式，直至把它们全部转化为习惯。下意识的学习和有意识的学习这两种方式完成了此过程。前者是通过平常的所见所闻不自觉地学习文化的方式；后者是通过系统的教育活动自觉主动学习文化的方式。互动、观察、模仿是这两种方式所共同经历的过程。

应当承认的是，相当一部分文化内容是人们从婴幼儿时期开始在下意识状态下习得的。文化的这种下意识性或者说隐蔽性特征被很多研究者视为看不见的隐身者。很多人都不清楚，他们是从什么事件、在什么场合学到诸如视觉接触、寒暄问候、空间的利用、沉默的运用、偏爱某种处理矛盾的方式而不选择另一种方式等行为或观念的。这类行为方式或观念大多是受特定民族文化的影响，在社会交际中举手投足间不刻意地学习到的。

（二）文化具有可传承性并借助符号传递

文化生存的必要条件是文化要素以及相关信息能够被传授和继承。文化自身的可传承需要或价值是文化具有可传承性的首要因素。不管是什么内容和形态的文化，它们皆是某一民族思想的精华和宝库，都具有重要的思想价值和文化意义。换句话说，文化是前人留给后世的期望被认同、被继承、被保护、被实践的有巨大益处的思想、准则和传统。另外，文化拥有可传承的渠道。众所周知，文化不是空中楼阁，相当一部分有其物化的载体，而抽象的思想内容也能够被各种语言或其他载体形式所记载和传承。

文化有两个主要的传承途径：一是人们的实践活动或口口相传，也就是年轻一代通过交际和学习来继承老一辈的文化传统，实际来讲，是指年轻一代在父辈的口传身授或学校的教育训导下，了解、学习和实践老一代的思想原则、道德规范等；二是书面语言，几乎所有国家、民族的文化传统都在竹简、纸张等书面记录上，这些载体能够长久保存并较易存放，因此当代的人们才可以翻阅浩繁的史料或典籍，以领会和学习本国和其他国家辉煌而丰富的文化。

可以看出，文化传递的媒介是符号。以“传递”的视角来看，人类有两种传递媒介。一是语言符号，包括口语和书面语。在同一文化之内以及不同文化之间人们依靠着语言符号来沟通，由于文化最优质的载体是语言，故而它们充当着所有文化传承不可或缺的重要媒介。自然地，语言符号与其方式在不同文化中会有不同的体现。二是非语言符号，它是指语言以外的种种信息传达形式。典型的非语言符号有人们的眼神、姿势、形体动作等，它们包含着特定的意义。但广义上讲，非语言符号还包括雕像、画作、美术品、照片，以及戏剧、电影、音乐中的表演部分等，这是由于它们都可以用一些方式表达某些文化内容，展现特定的价值观、世界观以及文化的其他方面。因此，基于研究和明晰各种文化的种种特征与内涵的考虑，我们应当充分关注语言符号和非语言符号。

（三）文化是动态的系统

文化处于不断变化、发展和进步中。如同世界上的所有事物一般，文化同样会因社会的进步而持续产生变动。历史的变动、时局的变化会对存于其中的文化产生不容忽视的作用，文化不得不相应地作出改变。首先，任何民族自身的文化传统都会在其发展的历史兴替中演化变迁。如“民族文化身份或特征”方面古今差别巨大，以衣着服饰、发式为例，古时中国人通常穿着汉族或其他民族的传统服饰，男子也会留长发或长辫。而在现代，大多数中国人穿着西式服装，只有少数人偶尔穿着传统服饰。男性留长发或长辫已不再流行，但一些男性选择留长发，这种风格有时受到外国文化的影响。尽管服饰和发型发生了变化，但中国人的身份认同并未改变。再者，各个民族文化间的碰撞和交融一定会给其各自原有的文化传统以作用和影响，如一些中国人选择到英美或其他国家定居，他们将中华传统文化带到那里并影响了那里的人们，以至于英美等国的很多人会过中国的传统春节。世界联系得越来越紧密，文化交流也越来越频繁，各民族传统文化都发生了变化或加入了新内容。

从全局来看，文化处于发展和进步中，但需要我们注意的是，思维模式、行为交往方式、价值取向等文化方面具有一定的稳定性，它们已成为人们的习惯，是不会轻易变化的。

（四）文化是各种要素紧密联结的统一体

文化的内涵广博丰富、深奥精微，具有一系列的要素，并将这些要素融为一体而发挥影响力。文化各要素间联系密切，相互作用、相互影响，牵一发而动全身。正如霍尔所说："文化的各个方面是相互连接的，触动其中一处，其他各处就都会受到影响。"[①] 如物质生活观念的改变能够使家庭规模、职业道德、精神追求等受到影响。当初美国的人权运动所掀起的蝴蝶效应深深影响了全社会，住房模式、种族或性别歧视行为、教育机遇、法律制度、职业机遇甚至互动模式等各个方面都有了相应改变，最终使美国人在行为处事和价值观念上得到改变。

（五）文化以种族或民族为中心

文化是特定的人群长期在一起生活、劳动、交往的产物，而特定的人群在特定的地理环境、自然条件下的长期共同生活就会形成一定的思维模式、世界观、价值观、交往方式、行为准则、社会习俗乃至生活方式完全相同的种族或民族。因此，文化的中心是种族民族，换句话说，每个种族或民族都会产生特有的文化，而且其各自的成员也一定因拥有自己的民族文化而自豪。这是自然而然的，并且民族自豪感是具有鼓舞效果的有利因素，但狭隘的种族主义思想却是值得注意的。

---

① 朱风云，谷亮．英汉文化与翻译探索[M]．北京：北京理工大学出版社，2017.

第二节　文化与语言的关系

语言和文化联系甚密。语言是一种社会文化现象，是社会文化发展的产物。社会文化环境是所有语言生存发展所必需的。社会文化又反过来限制了语言使用者的思维方式和表达能力。如雪对生长在寒冷的北极圈里的因纽特人来说是非常重要的，是性命攸关的。所以，因纽特人的语言中，有关不同的雪的词有 20 多个——地上的雪、石上的雪、堆积的雪、下着的雪……而英语国家中，关于雪的词很少，只有 snow（雪）一词。英语国家的人并没有表达各种类型雪的特别的社会文化需要，因此才没有那么多关于雪的词。

美国的工业非常发达。美国人日常出行高度依赖汽车，美国英语中关于汽车的词多达 26 个，和汽车有关联的词语也有很多。喝酒开车可能会引发交通事故，是社会安定的威胁因素。因此，美国英语用不同词语表达“醉酒”——pissed，pickled，high，bombed，stoned，drunk，intoxicated，under the influence 等。而因纽特人的语言中并无太多的词语来叙述汽车和醉酒。再如，英语中用单词 cousin 来表示亲属关系中自己的同辈，即堂哥、堂弟、堂姐、堂妹、表哥、表弟、表姐、表妹。英语单词 cousin 可以指代一众成员，这表明某社会成员与这些分布在不同亲属地位中的同辈人都保持相同关系，对他们的社会行为都一样。汉语表述亲属关系的称呼却不少，体现出某社会成员与他们每一个人都保持着一种独特的关系。按照中国传统的思维观点，父系的姑表关系要亲于母系的姨表关系。所以，汉语的不同亲属称呼源于社会文化的需要。

总之，语言和文化是相互交融、难解难分的。语言是文化的一部分，语言是文化的载体，这个观点可谓恰如其分地表达了语言与文化的关系。

第三节　翻译的理论概述

随着经济全球化的不断推进，世界各国、各地区之间的沟通与联系逐步深入，合作领域日渐扩大。在这个过程中，翻译作为一切交流活动的纽带发挥着越来越重要的作用。下文就来对翻译的定义、标准及过程作具体介绍。

一、翻译的定义

“翻译”既可以指一种技能、一门学科，也可以指一种职业、一项活动，还可以指经由翻译活动而自动生成的产品。由于“翻译”一词含义众多，因此对于翻译的具体定义长期以来一直众说纷纭。国内外的许多学者都对翻译下过定义，下面就简单列举一些。

（一）国外学者对翻译的界定

英国著名语言学家和翻译理论家卡特福德（Catford）认为，翻译是一种语言（源语）的话语材料被另一种语言（目标语）中对等的话语材料替代。

美国翻译理论家尤金·奈达（Eugene Nida）认为，所谓翻译，是指从语义到文体在译语中用最切近、最自然的对等语再现源语的信息。

美国翻译理论家韦努蒂（Venuti）认为，翻译是译者依靠解释所提供的目的语中的能指链替代构成源语文本的能指链的过程。韦努蒂否定了结构主义所信奉的所指与能指或自荐的对应关系，认为能指和所指是可以分裂的，符号与意义之间是不一致的，因此文本意义具有不确定性。

苏联语言学派翻译理论家费道罗夫（Fedorov）认为，翻译就是用一种语言把另一种语言在内容与形式不可分割的统一中所业已表达出来的东西准确而完全地表达出来。

英国翻译家纽马克（Newmark）认为，通常翻译就是把一个文本的意义按原作者所意想的方式移入另一种文字。

（二）国内学者对翻译的界定

国内学者对翻译的界定主要包括以下几种：

第一，翻译是把一种语言文字的意义用另一种语言文字表达出来的过程，它主要是一门技术，同时也具有许多艺术的特征，如它的创造性特征，但绝不是科学。

第二，翻译是以译者为主体、以语言为转换媒介的创造性思维活动。所谓翻译，就是把见之于一种语言的文本用另一种语言准确而完整地再造出来，使译作获得与原作相当的文献价值或文学价值。

第三，翻译是把具有某一文化背景的发送者用某种语言（文字）所表达的内容尽可能充分、有效地传达给使用另一种语言（文字）、具有另一种文化背景的接收者。

第四，翻译是许多语言活动中的一种，它是用一种语言形式把另一种语言形式里的内容重新表现出来的语言实践活动。翻译是一门艺术，是语言艺术的再创造。

第五，翻译是运用一种语言把另一种语言所表达的思想内容，准确而完整地重新表达出来的语言活动。

由此可见，无论是国外学者还是中国学者，都将翻译视作一种文字之间的转换活动。需要特别强调的是，译者的任务只是转换文字而不是改变其意思。换句话说，译者必须谨慎地遵循原作者的意思，所选用的字词和句式结构必须如实地传达出原文的思想，实现译文的准确性。

二、翻译的标准

翻译标准是翻译活动的准绳，是衡量翻译质量的尺度，是整个翻译工作的指导原则。针对这一核心问题，古今中外的语言学家和翻译家给出了不同的意见。下面就来介绍一些比较有影响力的观点。

（一）外国关于翻译标准的理论

1．泰特勒的“翻译三原则”

英国爱丁堡大学教授、英国学者、翻译理论家泰特勒（Tytler）在《论翻译的原理》一书中提出，翻译必须遵循以下三个原则：第一，译文应该完全传达原文的思想；第二，译文应像原文一样流畅；第三，译文的风格和笔调应与原文的一致。应该说，泰特勒的翻译三原则从思想内容、表达效果、风格笔调三个角度强调了对原文的忠实，在将“忠实”作为翻译的首要标准的同时，也强调了译文的表达。

2．费道罗夫的“等值论”

苏联的翻译理论家费道罗夫是第一个从语言学角度对翻译理论进行系统研究，并向传统的翻译理论研究发起挑战的学者，他于1953年出版了《翻译理论概要》一书。该著作是苏联第一部从语言学角度研究翻译理论的专著，其核心内容就是“等值论”或等值翻译。他在书中提出了“等值”这个术语，用在翻译方面明确地表示下述概念：①与原文作用相符（表达方面的等值）；②译者选用的语言材料的等值（语言和文体的等值）。

费道罗夫认为译文与原文之间完全可以确立确切对等的关系，他的观点曾在我国的翻译理论界产生过重大影响。

3. 奈达的“动态对等”

奈达在《翻译科学探索》一书中从语言和翻译的基本原理出发，提出了形式对等（formal equivalence）和动态对等（dynamic equivalence）理论。奈达认为，由于两种语言在语法、文风与思维上的不同，采用形式对等可能会带来问题，而动态对等是指原文信息在接受语中得以传递，以至于译文接收者的反应与原文接收者的反应基本相同。这就是著名的“动态对等”标准，有时也被称为“读者反应”或“功能对等”标准。奈达把读者因素纳入翻译标准里，拓展了翻译标准的内涵，对翻译理论的进步作出了重大贡献。

（二）中国关于翻译标准的理论

1. 严复的“信、达、雅”

国内最有影响力的翻译标准当数清末翻译家严复于 1898 年在《天演论》的《译例言》中提出的“信、达、雅”三字标准。

所谓“信”，是指译文应该抓住全文要旨，对于词句可以有所颠倒增删，只要不失原意，不必斤斤计较词句的对应和顺序。只有“信”是不够的，“达”非常重要，只“信”而不“达”，译了等于没译；只有做到“达”，才能做到“信”。“达”要求译者必须通读全文并达到融会贯通的程度后再开始翻译。所谓“雅”，是指“古雅”，译文必须“雅”，否则没有人看。这一标准简明扼要、层次清楚、适用面广，得到人们的广泛认可和接受，在中国沿用百年之久。

随着时代的进步，人们也不断赋予“信、达、雅”新的内涵。例如，“雅”不再是“古雅”，而是指译文要有美学价值，能带给读者艺术上的享受和精神上的满足。总之，“信、达、雅”的翻译标准对我国的翻译理论影响极大，至今仍有不少人言必称“信、达、雅”。

2. 鲁迅的“信”和“顺”

20 世纪 30 年代，鲁迅在《且介亭文二集》中提出了“信”和“顺”的翻译标准：“凡是翻译，必须兼顾着两面，一当然力求其易解，一则保存着原作的丰姿。”① 这里的“力求其易解”和“保存着原作的丰姿”，实际上就是一种在直译、意译完美结合中获得的信与顺的理想状态。

3. 林语堂的“忠实、通顺、美”

1937 年，林语堂在为吴曙天编选的《翻译论》一书所撰写的序中提出“忠实、通顺、美”的翻译标准。他认为译者不但要求达义，并且要以传神为目的，译文

① 潘冀春，刘洁．科技英语翻译 [M]．北京：北京理工大学出版社，2020.

必须忠实于原文之字神句气与言外之意。这一提法实际上是对严复的标准的继承与拓展，用“美”代替了“雅”。

此外，具有代表性的翻译标准还有傅雷的“神似论”，钱钟书的“化境论”，许渊冲的“意美、音美、形美”等。

以上介绍的国内外诸多学者就翻译的标准问题所提出的观点，分别从不同角度和层次阐述了自己的看法，各有其合理性与不足之处。目前理论界普遍认可的翻译标准是“忠实、通顺”原则。所谓“忠实”，是指译作应忠实于原作的内容，译者必须把原作的内容完整而准确地表达出来，不得有篡改、歪曲、遗漏、阉割或任意增删的现象。

所谓“通顺”，是指译文的语言必须通顺易懂、符合规范，没有逐词死译、硬译的现象。张培基清晰地阐述了忠实与通顺的关系，他指出：“忠实与通顺是相辅相成的。忠实而不通顺，读者看不懂，也就谈不到忠实；通顺而不忠实，脱离原作的内容和风格，通顺也失去了作用，使译文成了编纂、杜撰或乱译。”[①]

三、翻译的过程

翻译是以译者为主体，以正确理解原文为前提，以运用另一种语言再现原文的感情、思想、风格等为方式的创造性活动。因此，翻译的过程可以分为理解、表达和审校三个阶段。

（一）理解阶段

理解是翻译过程的第一步，正确而透彻地理解原文，是译文恰当表达原文的先决条件。对原文的理解主要涉及语言现象与背景信息两个层面。

1. 理解语言现象

（1）理解词的含义

英语中存在很多一词多义的现象，同一个词在不同的语言环境中往往有不同的含义。因此，在翻译过程中除了要注意词的一般意义，还要注意词在具体语境中的引申含义。例如：

In the sunbeam passing through the window are fine grains of dust shining like gold.

细微的尘埃在射进窗内的阳光下像金子般闪闪发光。

① 高华丽．翻译教学研究[M]．上海：上海交通大学出版社，2020．

原文中的“fine”一词不能译为其字面意义“好的”，而应理解为“纤细”“微小”。

（2）理解句法结构

句子是相对完整而独立的语言单位，是一定的语法结构、语音结构和词汇意义的统一体。英汉两种语言，根据句子结构分类，虽然都有单句、复句之分，但也有很大差别。因此，译者只有对原文进行深入分析和理解、确定语义重心和分句间的逻辑关系、分清主次和事理顺序、按照汉英各自不同的语言习惯和思维方式安排句子结构，才能把原句的意思和逻辑准确表达出来。例如：

There was no living in the island.

那岛不能居住。

要想正确翻译原文，需要准确理解英语中句型“there is no+ 动名词”的意思，这一句型实际上相当于“we cannot+ 动词原形”或“it is impossible to do...”，因此原文如果译为“那岛上无生物”就是错误的。

（3）理解逻辑关系

有时原文里的一个词、一个词组或一个句子可能有几种不同的意思，译者应透过文字表层去挖掘文字背后的深层逻辑，通过对上下文内容的衔接、铺垫、呼应、总结等逻辑关系的分析，来决定哪一种是确切的译法。例如：

It is good for him to do that.

译文一：这样做对他有好处。

译文二：他这样做是件好事。

这句话有以上两种意思，两种译文都是正确的。这时，译者必须从上下文来推理，选用一种合乎逻辑的译法。

2. 理解背景信息

理解与文章有关的背景信息应从以下几个方面做起。

第一，了解作者。了解作者的简略生平、生活时代、政治态度、社会背景、写作风格等，对全面地理解文章起着不可忽视的作用。

第二，了解作品。了解作品的创作背景、创作目的，作品内容所反映的时代背景，以及作品成书后的传播情况，如版本、评注、译文及社会影响等，有助于客观、真实地向读者展现原文风貌。

第三，理解全文基调。每部作品都有自己的主题思想，都直接或间接地体现了作者的写作用意，如赞扬与讽刺、支持与反对、褒扬与贬低等。只有把握全文的基调，才能避免翻译活动的方向性错误。

第四，弄清文化背景。各个国家由于历史、地理条件的不同而形成了风格迥异的文化，包括语言文化中的用词、比喻等习惯表达。因此，翻译时必须弄清历史文化背景的具体含义，如典故、传说、名称的来历等，切忌望文生义。

第五，理解原文所涉及的专业知识。如果作品涉及某些专业领域，如医学、生物、法律等，译者就必须了解、掌握一些相关的专业知识，补充相关词汇和专业术语并熟悉行业背景。

（二）表达阶段

理解是表达的前提，表达是理解的目的和结果。表达的任务就是译者把自己从原文中所理解的内容用目的语重新表达出来，表达的好坏主要取决于对原文理解的深度以及对译文语言的驾驭能力，包括译语水平、翻译方法和修辞手法等因素。表达恰当得体才是翻译的最终目的。在表达过程中需要处理好以下两个问题。

1. 处理好内容与形式的关系

任何作品都是内容与形式的统一体，内容的表达需要借助一定的形式，特定的形式往往表达特定的内容。这就要求译者既善于使用目的语表达出原文的内容，还要尽可能地保存其原有的形式，如逻辑层次、全文架构、作品体裁、修辞手法等，以达到内容与形式的完美统一。

2. 处理好直译与意译的关系

直译与意译作为两种最基本的方法，在翻译中都起着重要的作用，但是对于两种方法哪一个更好，历来就有争议，直译派倾向于直译，意译派则更青睐意译。实际上，这两种翻译方法没有优劣之分，而且到今天，翻译界已经基本达成了共识：直译和意译应当相互兼容和补充。也就是说，一个句子到底应该采用直译法还是意译法，往往要考虑其体裁、翻译的目的、读者、语境等因素，而不是一成不变的。事实上，很多情况下会采用综合法，即直译和意译相结合的方式来处理译文。

（三）审校阶段

审校阶段是理解与表达的进一步深化，是对原文内容进一步核实以及对译文语言进一步推敲的阶段，是翻译过程的最后一个环节。审校并不是一个可有可无的过程，而是非常必要的。具体来说，审校应从以下几个方面入手。

第一，校核译文的段、句或重要的词有无错漏。

第二，校核译文在人名、地名、日期、方位、数字等有无错漏。

第三，检查成语以及其他固定的表达方式有无错漏。

第四，检查译文的逻辑关系是否清晰。

第五，检查译文的风格是否与原文的风格一致。

第六，力求译文没有冷僻罕见的词，力求译文标点符号的使用正确无误。

四、翻译的基本方法

（一）音译法

在翻译某些特指名词或具有丰富民族文化内涵的词时，为了保持原词的异域风格或避免在翻译过程中造成含义缺失，常常采取保留原词发音特点的翻译方法，即音译法。音译法的适用范围较为广泛，常见于以下领域。

1. 科技领域

例如：

hacker　黑客

mousse　摩丝

nylon　尼龙

radar　雷达

2. 医药领域

例如：

vitamin　维他命

hormone　荷尔蒙

aspirin　阿司匹林

gene　基因

3. 商标领域

例如：

Rolex　劳力士（手表）

Nokia　诺基亚（手机）

Sony　索尼（电子产品）

4. 文化领域

例如：

waltz　华尔兹（舞）

ballet　芭蕾

golf　高尔夫

marathon　马拉松

5. 生活领域

例如：

chocolate　巧克力

whisky　威士忌

miniskirt　迷你裙

carnation　康乃馨

（二）直译法

直译法指既忠实于原文内容又考虑原文形式的一种翻译方法。直译强调“形似”，即依照原文的形式将其逐一翻译出来，这就使直译过来的译文意义明确、便于理解。例如：

In the afternoon, you can explore the city by bicycle—and the fact that bikes for both adults and children can be rented for free makes this method of transportation more fun！ Bicycles are available all year round from Velogate by the Swiss National Museum and, from May to October, from outside Globus City, the Opera House and Swissotel Oerlikon.

下午可以骑自行车游览整个城市——可免费租用适合成人及儿童的自行车，从而使这种游览方式更加有趣！瑞士国家博物馆附近的富勒门全年提供自行车租赁服务，5 月至 10 月期间，游客还能在格劳博城、歌剧院以及欧瑞康瑞士酒店外租到自行车。

本例原文主要介绍了在瑞士租自行车游览城市的一些信息，由于原文中并未涉及包含浓厚文化色彩的事物，因而译文采用了直译的方法将原文信息原原本本地传递了出来。

可见，采取直译法既不改变源语的形式，也不改变源语的内容，而是尽量将原文的词序、词义、句法结构、修辞方式、文体风格和民族特色保留下来，从而使译文与原文在形式、内容上都相互一致或基本相似。

（三）意译法

尽管汉语词汇非常丰富，但汉语在表音和表形方面很难达到字母类语言的程度，这时就需要采取意译法。所谓意译是将一种语言所表达的意义用另一种语言做释义性解释。意译强调“神似”，即依照原文，把原文的意义灵活地在译文中表达出来。例如：

She was born with a silver spoon in her mouth, she thinks she can do what she likes.

她生长在富贵之家，认为凡事都可以随心所欲。

此句中 born with a silver spoon in her mouth 是高贵的象征，而 do what she likes 则说明她的家世让她不可一世。因此，译者将其翻译为“富贵之家”和“随心所欲”，既准确地传达了原文的含义又符合汉语的表达习惯。

（四）归化法

归化法是指译者在对源语的语言形式、语言习惯和文化传统进行处理时，用符合目的语的语言习惯和文化传统的“最贴近自然对等”概念进行替换翻译，从而更好地实现动态对等或功能对等。归化法的优点在于译文读起来比较地道和生动，可使普通读者更好地理解原文、消除隔阂，真正达到文化交流的目的。例如：

He is a real Jekyll and Hyde: at home he’s kind and loving, but in business he’s completely without principles.

他真是个具有双重性格的人：在家和蔼可亲，可在生意场上，他却完全不讲道义。

Jekyll and Hyde 出自英国作家斯蒂文森（Stevenson）的小说《化身博士》。该小说主人公把自己当作实验对象，结果导致人格分裂，白天是善良的 Jekyll，夜晚却成为邪恶的 Hyde，译者用归化译法将 Jekyll and Hyde 译为“双重性格”，舍弃了原文的字面意思，保留了其真实含义。

归化法还可以用于习语的翻译。例如：

as poor as a church mouse　穷得像叫花子

fish in troubled waters　浑水摸鱼

teach fish to swim　班门弄斧

需要注意的是，译者在采用归化法时切忌“归化过度”，如将 to volunteer one’s service 译为“毛遂自荐”，将 at the beginning of one’s career 译为“初出茅庐”等，这种译法不仅会破坏原作的异国情调，还会给译语读者制造“文化误导”。

（五）异化法

异化法是指译者在翻译时忽略目的语读者的接受水平，使译作在风格和形式上完全保留源语的语言特点、文化思想和艺术特色。例如：

他们的拉扯姿势，讲价时的随机应变，走路时的抄近绕远，都足以使他们想起过去的光荣，而且用鼻翅儿扇着那些后起之辈。（老舍《骆驼祥子》）

Their pulling posture, their adroit bargaining, and their shrewd use of shortcuts or circuitous routes are enough to make them relive past glories and turn up their nose at the younger generation.

上例中的译文完全保持了和原文同样的句式结构，并且使用了汉英两种语言中内涵相同的形象词"鼻子"来传递原文的内涵，达到了与原文形神合一的良好效果。

异化法同样可以用于习语的翻译。例如：

soap opera　肥皂剧

dark horse　黑马

half the sky　半边天

paper tiger　纸老虎

需要注意的是，异化法有两个限度：一是译语语言文化的限度；二是译语读者接受能力的限度。换句话说，译者在运用异化翻译策略时，既不能超越译语语言文化的规范限度，也不能超越译语读者的接受限度。

（六）合译法

合译法是指把两个或两个以上的句子合译成一个句子，或把并列复合句或主从复合句合译成一个句子的翻译方法。合译法可以使译文结构简练、主题突出。需要注意的是，采用合译法时必须对译文进行全盘考虑，以避免漏译。一般来说，合译法适用于以下几种情况。

第一，将两个或多个简单句合并为一个单句。例如：

His father had a small business in the city of Pisa.This city is in the north of Italy near the sea.

他的父亲在意大利北部近海的比萨开小铺做生意。

第二，将复合句译为简单句。例如：

It turned out to be that our team had won the championship.

结果我们队赢得了冠军。

第三，将两个或多个复合句译为一个句子。例如：

It was in mid-July, and the repair section operated under the blazing sun.

7月中旬，修理组人员在骄阳下工作。

（七）增减译法

1. 增译法

增译法是指在译文中增加必要的语句成分，从而保证译文句法结构的完整性，并且在文化背景或修辞手法方面与原文相符。增译法一般在以下两种情况下使用。

（1）语法方面的增译

英汉两种语言在用词和句法方面存在很大的差异，因此在翻译时通常需要根据语法的需要，对各类词汇或是一些特殊句式进行增译处理，可视具体情况增加名词、动词、形容词、副词、连词、量词、表示复数概念的词、表示时态的词、语气助词等。例如：

She is not born for wifing and mothering.

她这个人不是做贤妻良母的料儿。(增加名词)

Reading makes a full man，conference a ready man，writing an exact man.

读书使人充实，讨论使人机智，写作使人准确。(增加动词)

“Army will make a man of him”，said his father.

他的父亲说：“军队会把他造就成一个堂堂的男子汉。”(增加形容词)

The hungry boy is wolfing down his dinner.

那个饥饿的男孩正狼吞虎咽地吃晚饭。(增加副词)

（2）修辞方面的增译

修辞方面的增译是指为了达到原文的修辞效果，在翻译原文中的比喻性词语、成语、歇后语、双关语时适当地增补一些词语或是重复性的修饰词。例如：

The crocodile tears.

猫哭耗子，假慈悲。

Seeing falsely is worse than blindness and speaking falsely than silence.

所见不真，犹不如盲；所言不实，犹不如哑。

2. 减译法

由于英汉语句衔接方式的不同，如果一字不差地将原文翻译过来，往往会造成译文啰唆和语句冗长的现象。因此，在忠实于原文的基础上，适当地使用减译法可使译文简洁明了、清晰流畅。减译通常适用于以下三种情况。

（1）语法方面的减译

英汉两种语言在词语搭配、句子结构、表达顺序等方面有很大的不同，因此，在英汉翻译的过程中为了使句意清晰，并适应译入语的语言习惯，可以按照语法需要对原文进行减译，可视情况删除动词、名词、冠词、代词、连词、介词等。例如：

A square has four equal sides.

正方形的四条边相等。（删减动词）

Going through the process of heat treatment, metals become much stronger and more durable.

经过热处理后，金属强度更大，更加耐用。（删减名词）

The girl standing at the window is my sister.

站在窗口的女孩是我姐姐。（删减冠词）

（2）修辞方面的减译

英语中常常会出现重复词语并列使用的现象。为了使译文语言简洁、层次分明，在翻译的过程中不必将原文全部译出，而是可以将一些繁复的词语删去，从而取得较好的修辞效果。例如：

If we live through optimistic hope, if we dare to dream, if we empower our selves to fully lives, then we have regained our sense of happiness.

只要我们活在乐观希望之中，敢于拥有梦想，充实地生活，那么我们就会重新拥有幸福的感觉。

原文中出现了三个 if we，在翻译时没有必要照搬原文全部翻译过来，因为那样会使译文显得啰唆冗长，故只翻译其中一个即可。

第四节　翻译与语言文化的关系

一、翻译是一项跨文化活动

语言与文化之间的密切关系决定了翻译与文化之间的关系也很紧密。翻译是把一种语言转换成另一种语言。可想而知，两种语言的翻译过程中一定会牵涉到两种不同的文化。不同文化之间的沟通是翻译的本质属性，翻译是一种跨文化的活动。例如，基于民族文化，中国人在春节等传统节日中偏好吃饺子，但英美人不了解饺子，更无食用习惯。英语中并无与“饺子”相对应的词。《汉英词典》将“饺子”译为“dumpling”并不合适，没有表现出中国文化特点。dumpling 在英语中指与肉、蔬菜在一起煮或蒸的面团或菜果汤团；汉语中的“饺子”则指一种在沸水中煮熟的“半圆形的、有馅儿的面食”。所以说 dumpling 与饺子意义并不相同。更重要的在于吃饺子是中国人的文化习俗。中国人团圆美满的象征便是吃饺子，这也是一种美好的祝愿。翻译家在这种丰富的文化寓意下把“饺子”音译为“Jiaozi”。而今英美人已经明晰了饺子及其文化寓意，将其收录为英语的一个外来词。由此可见，我们一定要将文化渗透于翻译之中。翻译不但要求将意义准确地转换，更重要的是文化上的对等。

二、词语的社会文化意义

社会的发展促进了语言的形成。不同社会政治制度、文化背景和历史发展时期都会在语言上留下难以磨灭的痕迹。

语言表达含义的单位便是词，它表现了某时期的社会文化，形成了不同语言文化之间词义的差异。文化翻译就是以社会文化的视角研究不同语言文化之间词的含义，寻找翻译的途径。

一些译语词仅表达了所对应源语词的部分文化信息。例如：

《汉英词典》中“社会科学”被译为“social sciences”。许多人认为这个译法没有什么问题，汉语的“社会科学”正好与英语的“social sciences”相对应，然而这种译法和这种认识都是站不住脚的。汉语“社会科学”与“自然科学”相提并论，而英语中把 natural sciences（自然科学）、social sciences（社会科学）和 humanity（人类学）三门学科相提并论。由此可见，汉语“社会科学”的概念包括英语的 social sciences 和 humanity。所以，把“社会科学”译成“social sciences”不妥，应译为 social sciences and humanity。

译语词与源语词表达不同的文化信息。例如：

资产阶级自由化译为 bourgeois liberalization。

在汉语中，“资产阶级自由化”一词是在特定的社会背景下产生的，有强烈的社会文化意义，指一种政治思潮，目的是推翻社会主义、走资本主义道路。英语 bourgeois liberalization 的社会文化意义是指一种政治思想，有积极和进步的作用。可见，汉语资产阶级自由化和 bourgeois liberalization 的社会文化含义截然不同。对于这种差异，可以用增译的手法予以补偿。“资产阶级自由化”可译为 bourgeois liberalization aiming at capitalist restoration。

通过以上译例可以看出，翻译要着眼于两种语言文化之间的差异，采用增译或意译的方法表达其社会文化意义。

第五节　多元文化与翻译研究

一、对多样性文化的理解

“多样性文化”是由“多样性”和“文化”这两个概念组成的。文化多样性是从生物多样性的概念中延伸出来的，生物多样性包括基因、物种和生态系统的多样性。文化多样性说明人类已经在环境问题上有了较多的认识，提倡对所有历史和文化的尊重。人类物种的进化和文化的发展都依赖于多样性，因为不同的族群在不同的自然环境中发展出了不同的文化。

民族、国家、地域、社群、阶级、性别乃至个体等都是文化多样性的不同单元。每一种文化都是生而平等的，并以其他文化作为相对于自身的多样性。每一种文化想要保持自身的吸引力、保护自身的价值，并且为维护国家利益乃至世界的稳定贡献力量，都必须肯定其他文化的多样性。当文化的多样性消失时，自身文化也就失去了发展的动力。另外，肯定其他文化的价值也是维护社会和平的必然要求。人类是相互依存的，每一种文化都属于人类文化大家族中的一员，为整个文化有机体作贡献，也依赖于整体的福祉，同时也具有自己的规定性。

文化多样性不仅为人类文化的融合提供了条件，也有助于提高每一种文化的辨识度及存在的价值。每一种文化是具有多样性的生活方式，有的部分是从祖先那里继承的，有的部分是在劳动实践中得来的，有的部分是依据风土演化而来的，总之有着深刻的特色。人类在应付各种复杂情况时可以从多样性的文化上寻找可靠的支撑条件，多样性的文化是人类共同财产，为人类文化的发展提供了源源不断的动力。不同文化之间只要不相互抵制，就能使整个文化世界充满勃勃的生机。无论是从当代还是从子孙后代的利益考虑，文化的多样性都应该被肯定。为了人类共同的利益，各种文化都应秉持文化多样性的观念，为人类的生存和发展提供一个新的平台，才能建立理想意义上的文化多样性。

二、多样性文化碰撞下的英汉翻译问题

在多样性文化背景下，翻译活动不再仅仅是两种语言之间的转换，也是两种文化之间的交流。也就是说，在翻译的过程中不仅要解决语言差异问题，更要跨越文化差异的鸿沟。可见，在翻译过程中需要注意的问题有很多，如可译性问题、词语空缺问题以及文化等值与欠额问题等，了解这些问题对准确有效地进行翻译十分有利。

（一）可译性问题

1. 可译性与不可译性的概念

在翻译界，可译性问题一直都是关注的焦点。可译性与不可译性是两个紧密相关的概念，在论及可译性问题时，不可避免地会涉及不可译性问题，它们一直都是翻译界争论的话题。可译性指的是双语转换中源语的可译程度。当一种语言或单位不能译成另一种语言或单位，无法使两种不同语言的人群实现沟通和理解，即所谓的“不可译性”。可译性问题实际上并不是指语言作品能够可译，而是指语言作品的内容思想和精神风貌能否用另一种语言传达出来。这也反映了另外一个问题，即翻译过程的确要忠实于原文。实际上，并不存在绝对的可译性和不可译性，可译的程度与不可译的程度是一个相对的概念。

随着德国著名哲学家、语言学家洪堡特（Humboldt）的研究，“可译性”逐渐被人们关注，并成为焦点。洪堡特认为，语言同时具有普遍性和特殊性。人类本质上是同一的，这种同一性使得人类语言具有普遍性。洪堡特也承认语言的特殊性，认为语言各具特色、各有差异，但他也认为语言在本质上具有统一性。语言的普遍性使得语言可译，而语言的特殊性使得语言不可译。洪堡特指出，语言具有主观性，但也具有客观性。语言是一种观念精神的存在，体现着语言使用者的主观意识，所以语言因人而异，表现出不可译性。但语言也是人们相互交流思想、传递信息的客体，是普遍存在的一种认知手段，语言由此表现出可译性。世界上没有完全等值的两种语言，所以也不存在完全等值的翻译，但洪堡特也肯定了翻译的可译性，认为语言具有很大的创造力，具有无限的组合方式，所以即使在某些细节方面不可译，也在整体上可译。

此外，对翻译的可译性问题进行研究的还有英国语言学家、翻译理论家卡特福德（Catford）和美国语言学家、翻译家尤金·奈达。卡特福德认为，翻译存在可译性限度问题，即不可译性，并指出不可译性具体包含两种情况，即语言的不可译性和文化的不可译性。尤金·奈达指出，翻译是可能的，也就是具有可译性；

翻译也是不可能的，也就是具有不可译性。

可译性与不可译性问题也深受我国学者的重视，并且研究历史悠久。早在东晋时期，佛教学者道安就提出了“五失本”理论，指出了容易导致译本丧失本来面貌的五种情况，并提出在必要时对译文进行修饰，以便于读者理解。尽管这存在很大难度，但也是可译的。唐代玄奘提出了“五不翻”原则，这里实际上指的是“不意译”，而非指不翻译，“不意译”也就是音译，而音译就是不可译。刘宓庆指出，可译性并不是绝对的，而是具有一定的限度。

本质上而言，可译性与不可译性并不是泛指两种语言之间是否可以相互传译，而是指某些感情和艺术色彩以及文化特色比较浓厚的作品，在传译时由于语言的差别而所能达到的译文确切性的程度问题。相互转换的两种语言以及两种语言所承载的文化都有着显著的差异，所以确保源语与译语的完全对等翻译是不可能的，也就是说译文无法完全等同于原文，但可以无限地趋近于原文。

由此可见，可译性与不可译性并不是相互独立、完全对立的两个概念，二者相互依存，而且有着紧密的辩证关系。

2. 可译性的理据

对客观事物认知的相似性使得人们拥有了大致相同的概念体系，也使得翻译具有了可译性。

（1）相似的经验世界

人类身处在同一个世界当中，体验的也是同一个世界，所以在知识观念形成的过程中会拥有相似的世界经验，这些相似的世界经验就是翻译可译性的依据。针对翻译而言，原文作者和译者所面对的文本所指的是同一外部世界，必然也会存在共同的体验，也就有着共同意味。以英汉翻译为例，英汉两种语言属于不同的语系，无论在拼写、读音还是表达方式上都存在显著的差异，这一定程度上也是不同世界观念的反映。尽管如此，但相似的世界经验为可译性提供了重要依据，使得人们可以相互交流。

（2）共同的语言基础

不同地域的民族在诸多方面都存在显著差异，人们仍可以相互交流，这主要源于人类语言的基本相同的功能。语言是人们生存、交流的基本而重要工具。处于相似的自然环境中，人们有着相似的行为、经历和感受，因此语言的基本功能也具有相似性。可见，语言功能的普遍性为可译性提供了依据。

（3）文化的相互融合

不可否认，不同的文化之间存在巨大差异，但也存在共性。随着社会的发展，各民族之间的交流日益频繁和紧密，文化也开始相互影响、相互渗透，随之文化的差异越来越小，共性逐步扩大。

不同种文化在相互融合的过程中会产生互化，文化具有相互性，而语言的相互影响也是如此。例如，英语中的很多显性连接词语在现代汉语中出现并使用，这使得汉语的意合传统受到了很大冲击；而受汉语意合特点的影响，现代汉语中越来越多的名词直接作定语。随着文化的融合，语言也得到了丰富和发展，文化和语言的融合极大地扩大了文化和语言的共性，也为语言的可译性提供了依据。

3．不可译性的分类

翻译过程中，不仅要深入了解翻译的可译性，也有必要认识翻译的不可译性。卡特福德认为，不可译性有语言的不可译和文化的不可译之分。傅仲选指出，不可译性可分为绝对不可译和相对不可译。这里主要对卡特福德的分类进行说明。

（1）语言的不可译

一是语音上的不可译。世界上没有完全相同的两种语言，每一种语言都有着有别于其他语言的语言系统和特色，而这也就导致了语言的不可译。就英汉语言而言，英语属于多音节语言，只有简单的声调变化，而没有语调的变化；汉语属于单音节语言，声调变化复杂，而且语句工整。将汉语中整齐工整的诗句用英语中与之相对应的语句来翻译，几乎是不可能的，即便可以翻译，也需要进行调整，原文的含义也必然会受到损害。此外，有着鲜明民族特色和地方特色的方言和口音也是不可译的，在另一种语言中不可能找到与之相对应的手法。可见，在语音层面上，不同语言是不可译的。例如：

东边日出西边雨，道是无晴却有晴。

The west is veiled in rain，the east enjoys sunshine；my gallant is as deep in love as day is fine.

原文诗人通过“晴”和“情”的谐音双关，深刻地表达了自己的思想情感，不仅语言工整，而且读来上口。通过英语来表达相同的谐音相关，同时传递原文含义，是不可能实现的。译文虽然传达了原文的含义，却损害了原文的语音特色。

二是词语形态上的不可译。在词语形态上，每一种语言都独具特色，这就导致语言的词语形态具有不可译性。例如：

人曾为僧，人弗可以成佛。

可以看出，这种有着明显汉语特色的字形特征和拆字组句技巧在英语中是不存在的，所以译成英文是十分困难的，不论如何翻译，都不能完好保留原文的形态。

三是句法上的不可译。在句法上，英汉语言的差异也是巨大的。英语属于形合语言，常依靠各类连接词来维持语言的连贯，而且常附带一些定语从句、状语从句等从属成分，句子结构呈“葡萄型”。汉语属于意合语言，常依靠上下文关系来组句成篇，一般不需要连接词，也很少附带从属成分，句子结构呈“竹竿型”。在翻译时，要想达到语义对等，必然会有损源语的句法结构，所以英汉语言在句法上不可译。

四是文体风格上的不可译。文体风格是指文章的体裁格式和语言特色，其涉及范围广泛，包括各种体裁、个人特征和民族特色等。这种独特性就决定了文体风格的不可译性。例如，韵律、咬文嚼字等文体风格是很难进行翻译的，这里将其做不可译处理。例如：

寻寻觅觅，冷冷清清，凄凄惨惨戚戚。

I've a sense of something missing I must seek.Everything about me looks dismal and bleak. Nothing that gives me pleasure, I can find.

原诗句用了七对叠字，将作者的情感淋漓尽致地表达了出来，而且层层深入、感人肺腑，艺术风格十分独特鲜明。上述译文在内容上进行了准确的传达，但文体风格与原文相去甚远。由此可见，在文体风格的翻译上，是存在可译限度的。

（2）文化的不可译

存在于一种文化中的现象，在另一种文化中可能不存在，也就没有与之相对应的表达方式，即使可以间接表达，也会对信息造成损害，因此在一定程度上也具有不可译性。文化的不可译具体包括两种情况：文化词汇空缺和指称词语的冲突。

① 文化词汇空缺

某些词汇是一个民族特有的，对于本民族而言，这些词汇的概念意义是一目了然的，但对于其他民族而言是十分陌生的，更不用说词汇的内涵意义了。这是因为这些词汇所传达的概念在非本族文化中根本不存在，这就是所谓的“词汇空缺”。“词汇空缺”现在在英汉两种语言中十分常见，而且对翻译造成了一定的困难。例如：

hippie　嬉皮士

阴阳　yinyang

气功　qigong

Hippie 和“阴阳”“气功”都是英汉语种所特有的表达，有着独具特色的文化含义，在另一种文化中根本不存在，而且也没有相应的表达，所以对它们进行翻译是非常困难的。hippie 译为“嬉皮士”也只传达了“嬉皮笑脸”的含义，并没有表达其真实含义。而“阴阳”“气功”也只能音译。

② 指称词语的冲突

指称词语冲突包含语义文化冲突和语用意义冲突两种情况。有时将一种文化信息符号忠实地转换为另一种语言符号时，内涵意义会发生显著的变化，甚至完全相反，这就是语义文化冲突。例如：

泰山北斗　Mount Tai and the North Star

虽然译文与原文实现了指称意义上的对应，但语义文化并不对应。在汉语文化中，“泰山北斗”是对德高望重之人的尊称，很显然译文并没有准确传递这一文化信息。

语用意义冲突是指词语文化信息符号的语用意义在进行语际层面的转换时会产生冲突。例如：

《红楼梦》　A dream of red mansions

对于红色，其在英汉文化中有着不同的含义，在汉语文化中，红色具有喜庆和昌盛的意义，但在西方文化中，红色具有危险和暴力的象征意义。所以，《红楼梦》这一著作名译为 A dream of red mansions 是不妥的，应译为 The story of the stone。

（二）词汇空缺问题

在翻译过程中经常会遇到词汇空缺问题，这一问题也给翻译带来了不小的障碍。不同民族的语言和文化不尽相同，反映在词汇层面就形成了不同民族语言的个性之处，即一个民族中的词汇在另一个民族中不存在，这些词汇的概念意义和内涵意义对于其他民族人们而言都是十分陌生的，这种现象就是“词汇空缺”。

在英汉语言中常会遇到词汇空缺现象。例如，英语中有 strong point 和 weak point 的说法，但汉语中只有“弱点”而没有“强点”的说法。再如，汉语中有“长处”和“短处”的说法，但英语中只有 shortcoming 而没有 longcoming 的说法。很明显，词汇空缺势必会对语言的转换和文化的交流造成困扰，这就需要译者在翻译过程中注意这一现象，并灵活采取一些相应的措施。

英汉词汇空缺现象对于翻译造成了一定的困难，具体反映为两点：一是双语信息的空白，二是文化内涵不对等。

1. 双语信息空白

双语信息存在偏差是词汇空缺的一种常见表现形式，也就是一种语言中的词在另一种语言中不存在。针对这种情况，是很难进行翻译的。例如，汉语中的“提”包、“挑”柴、“挎”篮中的“提”“挑”“挎”都有“携带”的意思，但英语中表示“携带”含义的词只有 take，bring，carry，而且与汉语表达完全不对应。

2. 文化内涵不对等

词汇空缺还表现在文化内涵的不对等上，即虽然两种语言中有相对应的表达，但所蕴含的文化信息不同。如果忽视了这一点，在翻译时就很容易丢失重要的文化信息，错误引导读者，甚至可能引起文化冲突。例如，“熊”这一动物在中西方都存在，但所表达的文化含义不尽相同。在中国人看来，熊是一种行动缓慢、呆傻样态的动物，所以常用它来比喻反应迟钝的人。但在西方人看来，熊是一种凶残的动物，常用来比喻那些鲁莽的人。可以看出，文化内涵的不对等必然会影响翻译的有效进行，因此在翻译过程中要注意这一问题。

（三）文化等值与欠额问题

翻译一直追求文化的等值，但因文化背景的不同，翻译过程不可避免地会出现文化内涵的缺失或不等值传递，进而造成文化欠额问题。

1. 文化等值问题

美国学者奈达提出了等值论，他指出翻译对等包含形式对等和功能对等这两种。形式对等注重语言的形式和内容，功能对等注重翻译的效果。如果在翻译中注重形式对等而忽视功能对等，就会造成文化信息欠额。

（1）文化等值的类型

① 零等值

零等值是指一种语言所表达的文化内涵在另一种语言中找不到对应项。零等值的产生主要源于历史内涵的独特性和习俗内涵的特殊性。

每一个民族都有着独特的发展历史，浓厚的历史文化赋予了语言丰富的文化内涵。有些蕴含着丰富历史文化内涵的词语，在另一种语言中往往处于零等值状态。此时在翻译时就不宜采用直译法，因为直译法会造成文化内涵的缺失。

Peace will be his pyramid.

译文一：和平将是他的一座金字塔。

译文二：和平将成为人们记住他的丰碑。

原文是基辛格为遇刺身亡的埃及总统萨达特所写的一篇悼念文的标题。基辛格用 pyramid 来做比喻，不仅歌颂萨达特的丰功伟绩，也表达自己的敬仰与怀念之情。采用直译法译出的译文一显然不能表达作者的真实感受，译文二则表达了作者的真实寓意。

每个民族都在长期的历史发展过程中形成了独特的生活规则和习俗，随之语言中也就有了相对应的独特的表达方式，而这些有关习俗的独特的表达方式，在另一种语言中往往处于零等值状态。汉语中常用“色狼”来表示“好色之徒”，但英语中常用 goat 来表示；汉语中常用“水性杨花”来指代举止轻浮的女人，而英语中用 butterfly 来表示。在翻译时，简单的直译常会造成文化内涵的缺失。

② 部分等值

部分等值是指一种语言所表达的文化内涵在另一种语言中只存在部分对应的现象。例如，汉语中的“孤儿”和英语中的 orphan 就只能部分等值。

③ 假性等值

在英汉语言中，有很多的词虽然字面意思相同，但内涵意义相去甚远，这就是所谓的假性等值。例如 short drink 的表面含义是少量饮料，真实含义是烈性酒。

（2）翻译中的文化等值

翻译不仅涉及语言，更关乎文化，做到文化对等是其目的。译者作为连接原文和读者之间的桥梁，为原文和读者之间搭建了沟通的渠道——译文，其不仅要处理语言问题，更要处理文化障碍问题。译者在翻译过程中不仅要传递语言的表层言语信息，还要传递深层文化信息，这样才能有效传播文化。

翻译是一种文化信息传递和接受的互动过程，要想提高互动的效果，就要确保文化信息的等值、避免简单的字面转换、减少翻译中的文化欠额。

2. 文化欠额问题

文化欠额翻译是指译文所传递的文化信息量小于原文的文化信息量。文化欠额翻译会导致原文文化信息的不完整传输，从而直接影响译文的质量。翻译中过于注重形式也就是字面信息的等值，就会造成文化信息的欠额。例如，对“Shall I compare thee to a summer’s day？”这一名句进行翻译时，很多译者将其译为“能把你比作夏日吗？”实际上，因地理位置的不同，夏日在英汉文化中有着不同的含义。英国的纬度较高，并没有酷热的烦恼，所以英国人十分喜爱夏日，但中国的夏日则是酷热难当。采用直译法进行翻译，会使原文的地域文化内涵丧失。将原句译为“我可以把你比作充满生机的夏日吗？”更能传递原文的文化内涵。

总体而言，在多元文化背景下，在进行英汉翻译时，要深入研究可译性和不可译性的问题，同时要了解词汇空缺、文化等值和文化欠额问题，从而更加准确、有效地进行翻译。

第二章　英汉语言对比及翻译

英汉语言比较是翻译的一个重要步骤，翻译的方法与技巧是建立在英汉两种语言的比较之上的。本章内容为英汉语言对比及翻译，分别针对英汉词汇、句法、语篇、修辞、文体的对比及翻译展开具体论述。

第一节　英汉词汇对比及翻译

一、英汉词汇对比

（一）构词方式对比

英汉构词方式多种多样，这里主要以词缀法、缩略法、复合法三种方式为例加以分析。

1. 词缀法

词缀法即在词基的基础上添加词缀而构成新词的方法。

（1）英语词缀法

词缀法是英语构词法的核心，又可分为前缀法与后缀法。所谓前缀法，就是在词根的基础上添加前缀从而构成新词。前缀构词法通常会改变词义，不改变词性。按照意义进行划分，英语前缀大致有以下九类。

表否定的前缀，如 in-（变体 ir-，il-，im-），non-，dis-，un-，a- 等；

表贬义的前缀，如 mis-，mal-，pseudo- 等；

表方向态度的前缀，如 contra-，pro-，anti-，counter- 等；

表时间的前缀，如 fore-，pre-，ex-，post-，re- 等；

表反向或缺失的前缀，如 dis-，de-，un- 等；

表程度的前缀，如co-，hyper-，micro-，out-，sub-，sur-，arch-，extra-，macro-，mini-等；

表方位的前缀，如fore-，intra-，tele-，extra-，inter-等；

表数的前缀，如di-，semi-，hemi-，uni-，multi-，demi-等；

其他前缀，如neo-，proto-，auto-，pan-，vice-等。

下面是一些前缀法构词的例子。

international　国际组织

antiknock　抗震的

antibody　抗体

counterattack　反击

rebuild　重建

react　反作用

后缀法是在词根的基础上加上后缀，增加了后缀后，词的词性有一定的改变，对词的意义没有太大的影响。后缀按照其在构成新词时的词性可以分为下面四类。

第一，名词后缀。名词后缀只构成名词，常见的名词后缀有-age，-dom，-ee，-ry或-ery，-hood，-ness，-（t）ion，-ity等。例如：

postage　邮费

wastage　浪费（量）

wisdom　智慧

第二，动词后缀。动词后缀通常加在名词和形容词后构成动词。常见的动词后缀有-ate，-en，-fy或-ify，-ize（ise）等。例如：

hyphenate　用连接号连接

shorten　变短

beautify　美化

classify　分类

criticize　批评

第三，形容词后缀。形容词后缀只用于构成形容词。常见的形容词后缀有-able（有-ible和-ble两种变体），-al（有-ial和-ical两种变体），-ful，-ive，-less等。例如：

eatable　可食用的

washable　耐洗的

contemptible　可鄙的

interrogative　疑问的

careless　粗心的

第四，副词后缀。副词后缀只用于构成副词。常见的副词后缀主要有 -fold，-ly，-ward（s），-wise 等。例如：

tenfold　十倍

recently　最近

firstly　第一

westward　向西

upward　向上

（2）汉语词缀法

汉语中词缀法的用法与英语类似，主要是在表示意义的词根的基础上增加词缀。与英语词缀相比，汉语中词缀的数量较少，且加缀情况不固定。汉语中的词缀构词主要有以下三种形式。

第一，前缀：词缀 + 词根的形式。例如：

阿妹　老虎

小李　老杨

第二，后缀：词根 + 词缀的形式。例如：

椅子　桌子

胖子　新生

第三，叠音后缀：词根 + 叠音词缀。例如：

红彤彤　绿莹莹

热乎乎　暖洋洋

总体来看，汉语词缀与英语词缀之间并不存在一一对应的关系，有些汉语词缀可以同时对应多个英语词缀。例如，汉语中的“不”对应英语中的 un-，ir-，dis-，non- 等。

2. 缩略法

缩略法简单来说就是对字或词进行缩略和简化。

（1）英语缩略法

英语缩略词的数量较多，归纳起来主要有四种类型：节略式、字母缩合式、混合式、数字概括式。

① 节略式缩略词

节略式指截取全词中的一部分，而省略另一部分的形式。节略式缩略词又包括以下几种。

第一，取头去尾。例如：

Wednesday → Wed　星期三

第二，去头取尾。例如：

helicopter → copter　直升机

第三，去头尾取中间。例如：

refrigerator → fridge　冰箱

第四，取头尾去中间。例如：

department → dept　部门

② 字母缩合式缩略词

字母缩合式是“提取一个短语或名称中的首字母或其中的某些字母进行缩合而形成的节略词”。例如：

kilogram → kg　千克

sound navigation and ranging → sonar　声呐

radio detecting and ranging → radar　雷达

③ 混合式缩略词

英语中的混合式缩略词一般包括两种：选取短语或名称的两个成分 A、B 的部分缩合成新词；成分 A 或 B 的部分加上另一种成分 A 或 B 的全部缩合而成。

第一，A 头 +B 尾。例如：

fruit+juice → fruice　果汁

第二，A 头 +B 头。例如：

teleprinter+exchange → telex　电传

第三，A+B 尾。例如：

work+welfare → workfare　劳动福利

④ 数字概括式缩略词

英语数字概括式的缩略词可分为以下两种。

第一，提取并列成分中相同的首字母或对应字母，并用一个数字概括，放在词前。例如：

copper，cotton，corn → the three C’s　三大产物：铜、棉花、玉米

第二，用一个有代表性的词概括出词汇所代表的事物的性质或特征，并前置一个表示数量的数字。例如：

Aglaia，Euphrosyne，Thalia → the three Graces　三女神

（2）汉语缩略法

汉语中的缩略词主要有四种，即选取式、截取式、数字概括式和提取公因式。这里主要介绍前两种。

第一，选取式缩略词，即将词汇中有代表性的字选取出来而形成的缩略词。例如：

文学艺术→文艺

外交部部长→外长

少年先锋队→少先队

第二，截取式缩略词，即用名称中一个有代表性的词代替原有的名称而构成的词。例如：

万里长城→长城

南开大学→南开

进口、出口→进出口

春、夏、秋、冬→四季

3．复合法

复合法，即运用两个或者两个以上的词或字按照一定的排列顺序构造成新词的方法。

（1）英语复合法

复合法是英语构词的主要方式之一。既然按照一定的次序排列，词汇的构成就会受到词汇形态变化的影响，通常根据后面的词对词性予以确定。根据复合词的词性，英语复合词可以分为复合名词、复合形容词、复合动词。

① 复合名词

复合名词是英语中最常见的复合词。复合名词的构成形式有以下几种。

第一种：名词＋名词。例如：

northeast　东北

football　足球

postcard　明信片

第二种：动词＋名词。例如：

haircut　理发

chopsticks　筷子

第三种：形容词 + 名词。例如：

blackboard　黑板

deadline　截止日期

第四种：副词 + 名词。例如：

afterthought　事后想到的事物

第五种：介词 + 名词。例如：

afternoon　下午

by-product　副产品

第六种：-ing+ 名词。例如：

parking meter　停车计时器

learning strategy　学习策略

第七种：名词 + 动词。例如：

heartbeat　心跳

daybreak　黎明

snowfall　降雪

第八种：名词 +-ing。例如：

handwriting　书法

airconditioning　空调

第九种：副词 + 动词。例如：

offset　抵消

intake　摄入

第十种：动词 + 副词。例如：

makeup　化妆品

takeover　接管

第十一种：-ing+ 副词。例如：

taking-off　起飞

going-over　彻底检查（检修）

第十二种：副词 +-ing。例如：

uprising　起义

upbringing　抚养孩子

② 复合形容词

复合形容词的后半部分主要包括名词、形容词以及具有形容词性质的 -ing 分词或 -ed 分词。复合形容词的构成形式主要有以下几种。

第一种：名词 + 形容词。例如：

lifelong　终身的

bulletproof　防弹的

duty-free　免税的

第二种：形容词 + 名词。例如：

short-term　短期的

half-hour　半小时的

第三种：动词 + 名词。例如：

cut-price　廉价的

cross-country　横穿全国的

第四种：形容词 + 形容词。例如：

red-hot　炽热的

green-blind　绿色色盲的

第五种：形容词 +-ing。例如：

good-looking　好看的

familiar-sounding　听起来熟悉的

第六种：副词 + 形容词。例如：

all-mighty　无所不能的

evergreen　常绿的；永葆青春的

第七种：副词 +-ing。例如：

oncoming　即将来到的

wellmeaning　善意的

第八种：名词 +-ing。例如：

time-saving　省时间的

peace-loving　爱好和平的

③ 复合动词

复合动词一般是在复合名词和复合形容词基础上，通过词类转化法或逆生法而构成的。副词与动词也可以构成复合动词。

第一，由复合名词转化而来的复合动词。例如：

nickname（*noun*. 绰号）→ to nickname（*verb*. 给人起绰号）

moonlight（*noun*. 月光）→ to moonlight（*verb*. 赚外快）

第二，由复合名词或形容词逆生而成的复合动词。

例如：hen-pecked（*adj*. 怕老婆的）→ to hen-peck（*verb*. 管治丈夫）

baby-sitter（*noun*. 保姆、看管孩子的人）→ to baby-sit（*verb*. 看孩子）

第三，由“副词 + 动词”构成的复合动词。例如：

undergo　经历

underwrite　承保

outgo　比……走得远

（2）汉语复合法

与英语复合法构词相同，汉语的复合构词法也可以构成动词、名词、形容词，还可以构成代词、连词。不同的是，汉语由语素构成，构词不仅是从词性上来分类，更重要的是从语素之间的关系来分类，即动宾关系、主谓关系、动补关系、偏正关系等。例如：

动宾关系：举重、跳舞等；

主谓关系：国营、自卑等；

动补关系：开发、推行等；

偏正关系：鸟瞰、雪白等。

（二）语义类型对比

语义归类方法有多种，如可从社会符号学角度将词义划分为指称意义、言内意义、语用意义等。

1. 指称意义

指称意义指向某一词语的基本意义，词语承载着所指对象的一切客观特征。在英汉语中，某些词语的指称意义可能并不存在较大的差别，但表述方式往往有所不同，如 teacher 一词，在汉语中就有“教师”“老师”“先生”“导师”等多种说法。当然，也有指称意义宽窄不一的情况，如 rose 这一单词兼有“玫瑰”“蔷薇”两种指称意义。另外还存在形式以及语义空缺现象，如 rose 可作为 rise 的过去式，而汉语中则无专门的对应词语。

2. 言内意义

言内意义指的是词语在句法关系内部产生的搭配意义，如“我们班的好学生太多了”一句，将其翻译为“There are too many good students in our class.”这是不妥的，因为too在这一句子中产生了否定意义，如此翻译就会让人产生“我们班其实不需要这么多的好学生”这样的错觉，所以应该将too改为so，如此就可避免上述问题。

3. 语用意义

语用意义指的是说话人的真正意图与接收者对信息所做出的反应，双方在语言、思维、审美等方面存在差异，导致某一些词语的语用效果往往会有所不同，如Avon Roll-on Antiperspirant Deodorant这一英语表述短语翻译为“雅芳滚动止汗除臭剂”和“雅芳走珠止汗香体露”所产生的语用效果是完全不同的。

（三）词义关系对比

通过对英汉词义进行比较可以发现，英汉词义关系主要有下面几种情况。

1. 完全对应

英汉两种语言中有些词在词义关系上是完全对应的。英语中的这类词主要是专有名词、术语、常见事物的名称，同时具有特定的通用译名。例如：

radar　雷达

Senate　参议院

2. 部分对应

英汉两种语言中还有一些词的词义是部分对应的关系。有的英语词范围广，而汉语中与之对应的词范围小；有的汉语词范围广，而英语相应的词范围较窄。例如：

gun　枪；炮

marry　娶；嫁

uncle　伯父；叔父；叔叔；伯伯等

3. 交叉对应

英语中常见一词多义的现象。英语多义词的多种意义分别与汉语中不同的词或词组形成对应，这就是交叉对应。要确定英语多义词的意义，需要考虑上下文语境。

4. 不对应

在巨大文化差异的影响下，英汉语中有很多词被赋予了特殊的社会文化内涵，这类词通常难以在对方语言中找到相应的词。这一现象被称为“词汇空缺”。例如：

chocolate　巧克力

hippie　嬉皮士

糖葫芦 tanghulu

风水 fengshui

气功 qigong

二、英汉词汇翻译

（一）音译

源语中有些物象是特有的，在译语中是空白的或缺失的，翻译时可考虑音译法。例如：

sofa 沙发

beret 贝雷帽

功夫 kung fu

（二）直译

英汉词汇翻译还可采用直译法，也就是将源语的文化信息用译语对应的词语进行翻译。直译法有利于源语文化的特征得到最大程度的保留。例如：

to fan the flame(s) 煽风点火

to burn one's boats 破釜沉舟

纸老虎 paper tiger

需要特别说明的是，为了避免译语读者的误读和误解，译者在采用直译法翻译英汉词汇时应尽量避免生搬硬套。

（三）替代

所谓替代法，指在保留原文交际意义的基础上，用译语中的某个概念意义不同但文化意义相近的词语代换源语词语的方法，即用译语中带有文化色彩的词语取代源语中带有文化色彩的词语。

由于世界各民族所处的自然条件具有一定的相似性，且经历了大致相同的进化过程，因此英汉语言中也存在一些具有相似文化内涵的词汇，这就是词汇的文化重合。在翻译这类词汇时，可直接进行替代，以本文化中的近似词组和表达法准确生动地传达出源语文化的内涵。例如：

ten to one 十之八九

silence is golden 沉默是金

盲人点灯——白费蜡 hold a candle to the sun

了如指掌　to know something like the palm of one’s hand

（四）转译

中西方的自然环境和文化背景不同，因此人们在表达相同语用意义时可能会使用不同的事物。此时，译者可以采用转译法，将源语文化中的意象转译成相应的译语文化中的意象，从而实现形移而意近的效果。以汉语中的“虎”为例，“虎”在汉语中是“百兽之王”，象征勇猛、无畏，英语中的lion有相似的象征意义。所以，在翻译时，可采用转译法。例如：a lion in the way　拦路虎。

第二节　英汉句法对比及翻译

一、英汉句法对比

（一）英汉语序对比

1. 思维模式对比

一般来说，英语民族的思维模式是，动作的主体—主体动作—动作的客体—动作的标志，因此其在语言层面表现为，主语＋谓语＋宾语＋状语。相比之下，汉语民族的思维模式是，动作的主体—动作的标志—主体动作—动作的客体，因此其在语言层面表现为，主语＋状语＋谓语＋宾语。

可见，英汉思维方式对英汉语序产生了重要影响，尤其体现在修饰成分的位置上。例如：

Lily went to Beijing from Tianjin by train.

其中，动作的主体为Lily；主体动作为went to；动作的客体为Beijing；动作的标志为from Tianjin by train。

而表达相同的含义，汉语的句子为：莉莉从天津坐火车去了北京。其中动作的主体为莉莉；动作的标志为从天津坐火车；主体动作为去了；动作的客体为北京。

2. 语言形态对比

从语言形态学方面考量，语言可以划分为两种：一种属于综合型语言；另一种为分析型语言。前者的主要特征是语序非常灵活，后者则相对固定。

从总体上说，英语属于分析型语言，但是很多英语句子既包含分析，又包含综合，因此本书认为英语是分析与综合参半的语言。相比之下，汉语的分析型成分占主要部分，因此汉语语序较为固定。在汉语中，句子的主谓语序为正常语序，即主语位于谓语之前，这就意味着中国人使用倒装句是非常少的。当然，英语中也有一些与汉语类似的情况，但是英语中也会大量使用倒装句，尤其是在一些商务文体里面，这些倒装句的使用频率要比汉语多得多。这里就以倒装句为例来分析英汉语序的差异。

Had I known that we would be walking the sixteen blocks from the bank to the convenience store, I would have worn more comfortable shoes.

如果我知道我们从银行到便利店要走 16 条街道的话，我会穿更舒服的鞋子。

从这一例句可以看出，英汉语在主谓语序上存在明显的差异，具体而言表现为两点：一是动词移位的差异；二是是否注重末端重量的差异。

3. 扩展机制对比

这里所谓的扩展机制是指随着思维的改变，句子基本结构也呈现线性延伸，因此又可以称为“扩展延伸”。如果从线性延伸的角度考虑，英汉采用不同的延伸方式，英语采用顺线性扩展延伸机制，而汉语采用逆线性扩展延伸机制。

顺线性扩展延伸是从左到右的扩展，即 LR 扩展机制（L 代表 left，R 代表 right）。英语句子的延伸，其句尾是开放性的。例如：

Steven has a dog.

Steven has a dog which looks like the cat.

Steven has a dog which looks like the cat that stayed on the tree.

逆线性扩展延伸是从右到左的扩展，即 RL 扩展。汉语句子的延伸，其句首是开放的。例如：

以上三句话用汉语语序表达为：

史蒂文有一条狗。

史蒂文有一条长得像猫的狗。

史蒂文有一条长得像待在那棵树上的猫的狗。

（二）英汉语态对比

1. 英语善用被动语态

西方人对于物质世界的自然规律是非常看重的，习惯弄清楚自然现象的原理。

与人相比，他们更加看重客观事物、善于探求真理。在语言表达上，他们习惯采用被动语态来对活动、事物规律或者动作承受者加以强调，对于被做的事情与过程非常看重。因此，在英语中，被动语态非常常见。甚至在有些文体中，被动语态是常见的表达习惯。

从语法结构上说，英语中存在十多种被动语态，且时态不同，其被动语态结构也存在差异，如一般现在时被动语态、一般过去式被动语态等。当然，不同的被动语态其所代表的意义也必然不同。例如：

English is spoken by many people in the world.

世界上有许多人说英语。

Apple trees were planted on the hill last year.

去年山上种了很多苹果树。

AI technology will be used in the future.

将来会用到人工智能技术。

通过分析不难发现，第一个句子为一般现在时态，其被动语态表达的是现在的情况；第二个句子为一般过去时态，其被动语态表达的也是过去的情况；第三个句子为一般将来时态，其被动语态表达的也是将来的情况。

2. 汉语善用主动语态

在做事层面，中国人侧重动作执行者的作用，即所谓的重人不重事。在语言使用中也是如此，中国人更习惯采用主动语态来表达，以陈述清楚动作的执行者，但是汉语中也存在被动语态，主要来表达不希望、不如意的事情，如受祸害、受损害等。受文化差异的影响，汉语中的被动语态往往比较生硬。例如，饭吃了吗？病被治好了吗？显然，上述两句话虽然使用被动语态表达，但是显得非常别扭，甚至很难读，因此应改为，你吃饭了吗？医生治好了你的病了吗？这样修改为主动句式之后，句子就显得流畅许多。

（三）英汉句子重心对比

在句子重心上，英语句子一般重心在前，而汉语句子则与之相反，即重心在后。也就是说，英语句子一般将重要信息、主要部分置于主句之中，位于句首；而汉语句子一般把重要信息、主要部分置于句尾，而次要信息、次要部分置于句首。

有这样一个传说，清朝末期，湘军头领曾国藩围剿太平军的时候，接连失败，甚至有一次差点丢了性命。于是，他向朝廷报告战事时说“屡战屡败”，翻译成英语即为“He was repeatedly defeated though he fought over and over again.”，但是他的军师看到了这一点，立即将其改为“屡败屡战”，即“He fought over and over again though he was repeatedly defeated.”。

从字面看，这两句话中用了同样的词，只是更改了语序，但是含义却大相径庭。“屡战屡败”说明曾国藩一直失败，丧失信心，只能如实向朝廷奏报，甘愿领罚；而“屡败屡战”则说明曾国藩是一个效忠朝廷、忠肝义胆的汉子，虽然遭受了多次失败，但是仍不气馁，应该受到朝廷的褒奖。显然，从汉语层面来说，前一句的重心在于“败”，后一句的中心在于“战”。正是军师巧妙地更改字序，不仅保全了曾国藩的面子，也救了他的命。因此，在翻译成英语时，也需要注意重心的问题，即“屡战屡败”重心在于 he was defeated，而“屡败屡战”的重心在于 he fought。上述这个例子非常典型，也说明了英汉句子重心位置的不同。

二、英汉句法翻译

（一）长句的翻译

英语句子尤其是长句注重形合，句子主次分明，在运用语法主干表达主要信息的同时借助词形变化、虚词、非谓语动词、从句、独立结构等语法手段表达次要信息。相比之下，汉语句子注重意合，语法外形主次一般不明显，以“话题”为中心自由展开，没有词形变化，经常不用连接词，主次信息暗含于上下文语境与句子意义中。因此，译者在翻译长句时，应对英汉句子间的差异进行充分了解，并灵活采用各种翻译技巧。具体来说，主要有以下几种。

1. 依次而行

依次而行也就是所谓的“顺译法”，简单来说就是按照句子的原有顺序进行翻译。顺译法并不意味着每个词都按照原文的顺序翻译，允许小范围局部的词序变动。顺译法通常适用于英语表达顺序与汉语表达顺序基本一致的情况下。例如：

As soon as I got to the trees I stopped and dismounted to enjoy the delightful sensation the shade produced: there out of its power I could best appreciate the sun shining in splendor on the wide green hilly earth and in the green translucent foliage above my head.

我一走进树丛，便跳下车来，享受着这片浓荫产生的喜人的感觉：通过它的力量，我能够尽情赏玩光芒万丈的骄阳，它照耀着开阔葱茏、此起彼伏的山地，还有我头顶上晶莹发亮的绿叶。

显然，在翻译时，译文按照原句的顺序来翻译，当然并不是字字翻译，而是有些许的变动。同时，译文也体现了汉语的独立分句的表达习惯，也易于汉语读者理解。

2. 以退为进

以退为进也就是所谓的“逆序法”，简单来说就是逆着原文顺序进行翻译。逆序法通常适用于英汉表达顺序存在较大差异甚至完全相反的情况下。例如：

A great number of graduate students were driven into the intellectual slum when in the United States the intellectual poor became the classic poor, the poor under the rather romantic guise of the beat generation, a real phenomenon in the late fifties.

20世纪50年代后期，美国出现了一个任何人都不可能视而不见的现象，穷知识分子以“垮掉的一代”这种颇为浪漫的姿态出现而成为美国典型的穷人，正是这个时候大批大学生被赶进了知识分子的贫民窟。

如前所述，这种翻译技巧的产生主要是从英汉的语序差异考虑的，即英语句子为前重心，而汉语句子为后重心。因此，在翻译时将a great number of graduate students were driven into the intellectual slum这一主句最后翻译出来，体现了汉语的表达习惯。

3. 一分为几

一分为几也可以称为“拆译法”“分译法”“分句法”，简单来说就是将英语中的词、词组或从句等成分进行拆分，突出重点，以便句子的总体安排。如果英语长句中的主句与从句，或主句与修饰语之间联系不太紧密，翻译时就可采用拆译法进行处理。例如：

As we lived near the road, we often had the traveler or stranger visit us to taste our gooseberry wine, for which we had great reputation, and I confess, with the veracity of an historian that I never knew one of them to find fault with it.

我们就住在路边。过路人或外乡人常到我们家，尝尝我们家酿的酸果酒。这种酒很有名气。我敢说，尝过的人，从没有挑剔过。我这话像历史学家的话一样靠得住。

通过分析上述例子可以看出，英语句子一般较长，其中包含了很多从句、修饰语等，如for which...and...with...that...，在翻译时如果按照英语的表达习惯，会让汉语读者费解。因此，译者往往将长句进行拆分，以小句、短句的形式呈现给汉语读者，易于汉语读者的理解和把握。

4. 合几为一

合几为一实际上就是合译法，即将原文中两个或两个以上的英语词语或句子合译为一个汉语单词或句子，或用一个单句表达原文中的一个复合句，从而使译文逻辑更加清晰。例如：

Our marketing director is going early to participate in the conference beforehand, and the rest of us will leave next Thursday to set up.The show opens on Friday. The exposition will last three days, so Sunday is closing.

我们市场部主任打算提前参加会议，其余的人下周四出发去布置。展览会周五开幕，持续三天，周五闭幕。

分析上例可以发现，英语句子是由三个句子构成的，但是后面两个句子所叙述的内容都是围绕 the show 展开的，因此在翻译时不必对此进行重复，而翻译成三个短句即可。

（二）被动句的翻译

由于英汉两种语言在表达被动时存在很多差异，因此选取恰当的翻译策略就非常关键。英语被动句主要有以下几种译法。

1. 转化为主动句

在英语中，被动句的使用是非常频繁的，尤其体现在科技文体、法律文体中。只要是不必说出施行者或者是动作承受者，又或者是出于礼貌或者便于上下文衔接等，一般使用被动语态较多。这在前面已经进行了列举，但是根据汉语的表达习惯，动作的施行者是非常重要的，这与中国“天人合一”的思想有着密切的关系，因此多采用主动句。这就意味着英语的被动句与汉语主动句之间的转换是非常常见的。例如：

Fifteen people had been saved by the rescue team in the fire.

在火灾中，救援小组已救出十五个人。

The boat was soon lost of sight in the fog.

不久小船在雾中看不见了。

上述两个例子是明显将被动句转化成主动句的例子，这样的翻译使得译文更易于理解。

2. 转化为被动句

并不是所有的英语被动句在进行翻译时，都需要进行转换。也就是说，汉语中也存在被动句式，但是汉语的被动语态主要是通过特殊词汇表达出来的。汉语中的被动手段有两种：一是有形态标记的，即“叫”“让”“被”“受”“为……所”等；二是无形态标记但逻辑上属于被动的。在翻译时，译者可以根据具体的情况进行调整。例如：

The supply of oil may be shut off.

石油供应可能会被切断。

The little boy was scolded by his mother for his smoking.

因为吸烟，这个小男孩挨了妈妈的骂。

上例中，第一个句子翻译时采用了有形态标记方式，即翻译成“被……”；第二个句子虽然采用了无形态标记方式，即翻译成“挨……”这一隐性词，但是都呈现了被动形式，这样的翻译也是正确的。

3. 转化为无主句

汉语属于主题显著性语言，因此汉语对句子的主题非常看重，这时无主句就成了汉语中的一种特殊句型。也就是说，有时候与英语一样，汉语句子也可能无法说出动作的施行者，这时候就可以不说出主语。这种无主句经常用来表达态度、观点、号召等，与英语不同的是，这种情况下英语会采用被动句来传达，而汉语使用无主句。所以，可以将英语的被动语态转化成汉语的无主句。例如：

You are requested to finish this task before tomorrow evening.

请你在明天晚上之前完成这项任务。

Decision has been made at the meeting of the board.

在董事会上已经作出了决定。

在翻译上述两例时，无法说明动作的执行者，因此直接翻译成无主句，更加通俗易懂。

4. 转化为判断句

所谓判断句，就是汉语中常见的“是……的”相关的结构。如果英语中被动句表达的是判断的意义，那么在翻译时可以将英语的被动句转化成汉语的判断句。但是，进行转换时，一般将英语原文的主语转化成译文的主语，当然也有特殊情况，即将英语原文的主语转换成其他主语。例如：

Iron is extracted from iron ore.

铁是从铁矿中提炼而来的。

The Paper-making technology is developed in ancient China.

造纸术是中国古代的一项发明。

上述两个例子，原句中是用 is 引导的判断句，因此在翻译时也用汉语判断句来表达，翻译为“是……”。

（三）否定句的翻译

英语中的否定句具有非常灵活的形式。在对否定句进行翻译时，应对原否定结构进行仔细分析，准确理解其真正含义以及否定词所否定的对象或范围，结合其逻辑意义，选用合适的翻译策略。

1. 全部否定句的翻译

全部否定句是指对句子的否定对象进行全盘和彻底的否定，句中常出现 no，not，never，none，nothing，nobody，no one 等词或短语。在翻译全部否定句式时，译者可以采用直译法进行翻译，同时应确保符合译语表达习惯。例如：

It was in June 1954 that a soft-spoken New England lawyer named Joseph Welch destroyed Senator McCarthy by asking him the question no one had dared ask him before:“Have you no sense of decency，sir，at last？”

1954 年 6 月，低声细气的新英格兰律师约瑟夫·韦尔奇询问了议员麦卡锡一个从来无人敢问的问题“你到底有没有礼貌意识？”，一举摧毁了麦卡锡。

在原句中，出现了否定词 no，并与 one 连接使用，构成 no one 这一不定代词，含义是“没有一个人”，相当于 nobody，因此属于全部否定句。在翻译时，主要以“没有”“无”等否定标记词加以呈现，因此这里翻译成“无人”“没有一个人”，给人以“排除”之感，也容易被目的语读者理解，与汉语的表达习惯相符合。这也能恰当地表达出麦卡锡自带的一种深入骨髓的傲慢之意，也表达了人们对他产生了一种强烈的畏惧感。

2. 双重否定句的翻译

双重否定句常将一个否定词与一些表示否定意义的词连用，或者将两个否定词进行连用，从而使否定意义相互抵消，从而使句子获得肯定意义。双重否定句既可译为汉语肯定句，又可译为汉语的双重否定句。例如：

Whether you look at the writings of intellectuals or at the positions taken by practicing politicians or at the data on public opinion, it is impossible not to be struck by the degree to which the majority of

Americans in those years accepted the same system of assumptions.

无论是品读知识分子的著作、分析政坛老手的立场，还是分析民意调查数据，我们都不可能不惊讶于当年大部分美国公民对同一套构想的认同度。

上例中，impossible not 的含义为“不可能不”或者“不……是不可能的……”。如果翻译成汉语，可以有如下几种表述。

译文一：我们不可能不惊讶于当年大部分美国公民对同一套构想的认同度。

译文二：我们不惊讶于当年大部分美国公民对同一套构想的认同度是不可能的。

译文三：我们会惊讶于当年大部分美国公民对同一套构想的认同度。

译文四：我们必然会惊讶于当年大部分美国公民对同一套构想的认同度。

通过对上述四个句子进行比较不难发现，译文二所采用的形式与原文比较一致，但是读起来会让人觉得累赘，也不利于突出意义；译文三在语气上显得较为平淡，并未体现出双重否定的效果；译文四看似是对译文三的语气的强化，但是有一种主观上的强加的意味。相比这三种翻译，译文一与原文更为契合，也将原文的语气传达出来，因此是不错的翻译。

3. 部分否定句的翻译

在部分否定句中，整个句子的意义一部分是否定的，而另一部分是肯定的。一般来说，部分否定句由否定词与代词或副词组合而成。这些代词或副词有 both，every，all，everything，entirely，wholly，everywhere 等。在对部分否定句进行翻译时，常将其译为“并非都”“不总是”“不都是”“不一定总是”等。例如：

...Yet all may yet be lost.

……迄今为止，美国人也并非一无是处。

上例中，all 代表的是整体的意思，翻译为“所有”“全部”，与 not 连用时，应该翻译为“并非……”；而 lost 本身也带有否定意思，呈现的是一种否定的状态，翻译为“一筹莫展的”“丢失的”。按照这样的推理，本句话应该翻译为“美国并非失去了所有。”但是，这里“迄今为止”表达的是一个时间段的概念，而“失去”显然是一个短暂性的行为，这样从逻辑上是行不通的。相比之下，将其翻译为“一无是处”与原作是契合的。

第三节　英汉语篇对比及翻译

一、英汉语篇对比

语篇简单来说就是一系列连续的话段或句子构成的语言整体。从形式上来看，它可以是文字标志、小说、诗歌、对话、独白、文章、讲话等。从篇幅上来看，它既可以洋洋万言以上，也可以只包含一两个句子。英汉语之间的语篇差异主要体现在衔接手段、段落结构、语篇模式三个方面，限于篇幅，本书主要对英汉语篇的衔接手段对比进行重点介绍。

“衔接”一词由英国著名语言学家韩礼德（Halliday）提出，他在《英语中的衔接》一书中认为，所谓衔接是构筑语篇的一种非结构性关系。具体来说，衔接就是指语篇中的不同成分之间在意义上呈现相关性的现象。语篇的衔接手段有两种类型：词汇衔接和语法衔接。英汉语言在语篇衔接方面的差别主要体现在语法衔接层面，下面就进行深入分析。

（一）替代

所谓替代，即将上文中所提到的内容使用其他形式进行代替，这是语篇衔接过程中经常采用的一种手段。在英语段落中，两个句子之间所形成的呼应关系常通过词语来传达。在英语语言中，替代的形式有很多种，常见的包括名词性替代、动词性替代、分句性替代等。

在汉语语言中，上述三种替代形式也是存在的。相比较而言，汉语中的典型替代形式比较少见。通常，汉语中人们习惯对某一个词或某一些词进行重复，通过重复来实现句子与句子之间的连贯。另外，汉语中还经常使用“……的”结构实现连接。因此，英汉两种语言在替代方面的区别主要有下面两点。

第一，英语的替代手段比汉语要多。

第二，英语语篇中使用替代的频率明显比汉语要高，对于英语中所使用的替代形式，汉语则多通过重复、省略来实现。

（二）省略

所谓省略，顾名思义，就是将句子、段落、文章中某些可有可无的成分省略不提。在英语语篇中，人们经常通过省略实现语言凝练、简洁的目的。众所周知，英语语法的结构是十分严谨的，因而不管从形态上而言还是从形式上而言，使用省略这一方式不会引起歧义现象，因而英语语言中使用省略的情况是很多的。

与替代一样，英语中的省略也可以分为名词性省略、动词性省略和分句性省略三个类别。相比较而言，汉语语篇在省略的频率上则要大大低于英语语篇。

另外，英汉语篇对于省略的成分也存在不同表现：英语语篇中不会省略主语，但汉语语篇中除了第一次出现的主语之外，后面出现的主语往往都可以省略。出现这种区别的原因，主要是汉语主语与英语主语相比较而言，其具有的控制力、承接力都更加强大。

（三）照应

所谓照应，指的是当无法对语篇中的某一个确定词语进行解释时，可以从这一个单词所指的对象中找到答案，那么就意味着这一语篇中形成了一种照应形式。从本质上而言，照应表达的是一种语义关系。例如：

Readers look for the topics of sentence to tell them what a whole passages is “about”, if they feel that its sequence of topics focuses on a limited set of related topic, then they will feel they are moving through that passage from cumulatively coherent point of view.

本例中，they 与 readers 构成照应关系。照应关系在汉语语篇中也是大量存在的。例如：

她不是鲁镇人。有一年的冬初，四叔家里要换个女工，做中人的卫老婆子带她进来了，头上扎着白头绳，乌裙，蓝夹袄，月白背心，年纪大约二十六七，脸色青黄，但两颊却还是红的。卫老婆子叫她祥林嫂，说是自己母家的邻舍，死了当家人，所以出来做工了。

这段文字中的三个“她”都指祥林嫂，从而使整段语篇成为前后衔接的一个整体。

相比较而言，汉语中不存在关系代词，但英语中关系代词很多，尤其是人称代词。因此，汉语语篇通常会使用人称代词来表达英语语篇中所形成的照应关系。

照应关系在英汉语篇中的类型基本相同，但使用频率差异较大。具体来说，英语行文常为了避免重复，更多地使用人称代词，而汉语则多用实称。

（四）连接

在语篇中，连接是指通过使用副词、连接词、词组等来进行语篇衔接的手段。

连接不仅能使读者准确、快速地对句义关系进行理解，还可以通过上下文来预测语义。韩礼德将英语的连接词语按其功能分为以下四种类型。

第一，转折，如 conversely，however，but，on the other hand 等。

第二，添加、递进，如 what is more，and，furthermore，in addition 等。

第三，时序，如 next，first，then，in the end，finally 等。

第四，因果，如 since，because，for，as，consequently，for this reason 等。

汉语也有表示这四种关系的连接词。

第一，表转折意义的连接词有“但是”“然而”“可是”等。

第二，表示添加、递进意义的连接词有“况且”“而且”“另外”“此外”等。

第三，表时序的连接词有“最后”“此后”“此前”“原先”“后来”“接着”等。

第四，表因果的连接词有“因此”“因为”“所以”“由于”“于是”等。

在连接方面，英汉语篇的差异集中体现在以下两个方面。一方面，连接词是英语平行结构的主要连接方式，而汉语常采取对偶、排比等来实现衔接；另一方面，显性是英语连接词的特征，隐性是汉语连接词的特征。

二、英汉语篇翻译

（一）语篇衔接的翻译

衔接实际上是上下文的连接，衔接有利于使行文更加流畅、使语义更加连贯。衔接是否得当关系着能否被读者理解，能否让读者探究其主旨意义。这就要求译者首先应准确把握原文语篇，然后依据逻辑选用恰当的衔接手段来构成完整的语义单位。在生成译文的过程中，译者可以适当转换原文的衔接手段。例如：

I got some secretary who referred me to sales who referred me to accounting who referred me to data processing who referred me to public relations who referred me back to accounting.

有位秘书把我引荐到推销部，推销部把我引荐到会计部，会计部把我引荐到资料部，资料部把我引荐到公关部，公关部重又把我引荐到了会计部。

原文句子主干为 I got some secretary，结构十分简单，然而随后却出现了复杂的从属现象，五个定语从句中，who 与先行词形成了牢不可破的照应关系，因而关系代词缺一不可。由于汉语中缺乏相应的衔接形式，所以翻译时自然不能如法炮制，只能借助于重复手段将语义信息连贯起来。通过转换，原文的主从结构不复存在，各个小句之间都没有使用衔接，呈现为并列结构，如此一来，译文读上去给人一气贯通的感觉。

（二）语篇连贯的翻译

衔接侧重词汇或语法的手段，而连贯主要依赖逻辑推理。在翻译语篇时，译者应在理解原语篇的意义与题旨的基础上，体会上下文的连贯意义，将句内、句间或段间的关系充分表达出来，译出完美的片段。例如：

划然长啸，草木震动。山鸣谷应，风起水涌。予亦悄然而悲，肃然而恐，凛乎其不可留也。反而登舟，放乎中流，听其所止而休焉。

译文一：Suddenly a sharp cry was heard which seemed to make the plains tremble.The mountains and valleys echoed it, the wind arose and the water rushed on.I was so saddened and frightened that I could no longer remain ashore.So as I went back to the boat, which was sent drifting to the middle of the stream, I let it drift till it stopped of its own accord.

译文二：I uttered a yell far up above；trees and grass were shaken；the peaks rumbled and the valleys answered in echo；water rushed out and gusts of winds started to blow.I was also shaken by sadness and became gravely struck with terror, sensing the impossibility of remaining there.I descended and returned to the boat；rowing to the midstream, I let it go by itself and to its rest float.

上述例句充分展现了汉语行云流水般的意合表达形式，这种形式的优点是句子短小、流泻自如、不拘一格，句子内虽然有衔接，但各个小句之间没有任何形合手段，尽管如此，各种关系却历历在目，让读者读起来不会产生任何误解。本例的译文在结构上十分完整，形式严谨、层次井然，语义连贯清晰，气势流泻自如，很好地体现了汉语的语义信息内容。

（三）语篇语境的翻译

语境在很大程度上影响着译者对原文的理解。译者应清晰理解作为符号的语言与具体语境之间的关系，否则很难传译出与源语信息相符的译语，也很难忠实再现原文的风格。具体来说，在进行翻译的过程中，译者应该首先了解和掌握中西方的语言文化以及其背后的语境，从而不断提升翻译质量。例如：

犬子将于下月结婚。

My little dog is getting married next month.

该例是一则喜帖，是中国人寄送给外国朋友的喜帖。译者曲解了“犬子”的语用含义，将其译成 My little dog 是一种失误。因此，译者必须对交际语境有一个清晰的了解和把握。以上述例子来说，其语境主要涉及如下几个要素。第一，就物理世界层面而言，其包含中国和英国两国；第二，就社交世界层面而言，发信人涉及了“犬子”一词，是对自己儿子的谦称，英语中并未这样表达；第三，就心理世界层面而言，其中隐含着写信人的喜悦，但是表达时比较低调，这是一种隐藏。

正确译文如下：

My son is getting married next month.

第四节　英汉修辞对比及翻译

一、修辞的概念

在我国，修辞这个词自古以来就存在于中国文学以及文化中。在《周易·乾·文言》中就有“修辞立其诚”一说，《尚书》和《诗经》里也有很多运用修辞格的实例。刘勰的《文心雕龙》被看作研究修辞学的一个里程碑，书中详细描述了修辞，他的思想与现代修辞也很相近。

修辞是加强言辞或文句效果的艺术手法，可分为狭义和广义两种含义。狭义的修辞是指修饰言论，也就是在使用语言的过程中，利用多种语言手段以收到尽可能好的表达效果的一种语言活动。广义的修辞是指除了包括修辞格这一重要因素外，还包括语音、环境、文化背景、社会心理等因素以及为增强说服力而采用的各种方式。修辞格是人们在组织、调整、修饰语言，以提高语言表达效果的过程中长期形成的具有特定结构、特定方法、特定功能且为社会所公认的符合一定类聚系统要求的言语模式。

实践修辞学研究的对象为系统研究修辞格。实践修辞学通常把修辞格分为两大类：语义修辞格和句法修辞格。语义修辞格包括比喻、隐喻、寓喻、拟人、夸大、缩小、借代、对代、倒反、反话、修饰、反讽等。句法修辞格包括排比、省略、对照、层递、设问、兴叹、呼告、首语重叠等。修辞格在语法表达中可以单独使用，也可以综合使用。

二、英汉语义修辞对比及翻译

（一）英汉比喻对比及翻译

1. 明喻

比喻是使用最多的一种修辞手段，尤其明喻随处可见。比喻中使用的喻体是奇巧、新颖、形象鲜明和大家所熟悉的事物，使描写的人物或事物更加生动、形象、清晰、易于理解。明喻是本体、喻体、喻词都出现的比喻，起喻词作用的主要是连接词，喻词表示真实比喻，多用于本体和喻体之间，其前可以用逗号隔开，也可以不用。一般来说，喻词前边有逗号起强调和突出喻体形象的作用。例如：

At first, at the sound of the word love, Miss Pang would start as if an old warhorse were at the sound of a trumpet, she would prick up her ears, but eventually she got used to it, and she just pursed her lips and sniffed just smclling snuff.

译文一：起先，一听到爱情这个字眼，庞小姐就会一怔，好像老战马听到号声就会竖起耳朵一样，但是到后来，她却渐渐听惯了，于是，就只噘起嘴唇，不时闻闻鼻烟罢了。

译文二：起初，庞小姐听到“爱情”这两个字，就像老战马听到号声那样一震，竖起耳朵，可是渐渐地她也习以为常了，有时只是抿紧嘴唇，慢悠悠地嗅着鼻烟。

Miss Pang 是本体，喻体是 an old warhorse，喻词是 as if，是真实比喻。将庞小姐一听到“爱情”字眼时所表现出的神态比作为听到号声的老战马，非常形象、有趣，可以让读者了解庞小姐的性格特点。

2. 隐喻

隐喻又称暗喻，是最常见的形象表现手段，以本体和喻体相似的特征为基础，把一个事物的特征转移到另一个事物上去的比喻就叫隐喻。隐喻是人们经常运用的一种修辞手法，人们为了认识和揭示一个事物的特点有时不是采用指称的方法，而是选择一个具有同该事物有相似的特征的事物来比拟，以加强对该事物特点的了解，给读者留下一个深刻的印象。隐喻通常都是用已熟悉的事物揭示另一事物不易表达的特征，生动形象地说明深刻的道理，达到言简意赅的效果，提高表达效果。例如：

他的眼神，像极了化工厂后门的那条小河，太多的东西沉淀着，八级台风也吹不动。

译文一：There was too much concealed in his eyes, like the river behind the chemical factory, with too much sediment in the bottom, unshakable even by the most violent typhoon.

译文二：His eyes were the river behind the chemical factory, where there was too much sediment concealed in the bottom, unchurned even by the most violent typhoon.

原文把“他的眼神”比喻成“小河”，是典型的明喻。而且两者的共同点是，底部都有东西沉积或隐藏，不可撼动。因此，如若译文也使用明喻的修辞（如译文一），自然效果是不减的。但有没有一种更好的翻译方法，使译文精益求精呢？可否把喻词省略掉？把连接本体和喻体的纽带隐藏起来，让读者自己去建立二者之间的关联。明喻改为暗喻如何？对比译文一和译文二两种版本，发现译文二把“眼睛”和“小河”合二为一，且句式结构更加清楚明白，传达原文意思上也略胜一筹。“将明喻变为暗喻”这一翻译方法不仅可以避免译文的喻义过于直白，而且可以使本体和喻体完美融合在一起。

（二）英汉比拟对比及翻译

比拟就是把物当作人或把人当作物来描写的一种修辞手法，比拟一般分为拟人和拟物两种。运用比拟，可使人或物色彩鲜明，使文章生动，激发读者丰富的联想。能使读者对所描述的人或事物产生鲜明的印象，产生强烈的感情，引起共鸣，增强作品的感染力。使用比拟修辞手法可以提高作品的艺术感染力。

1. 拟人

拟人指的是为了把事物或现象描写得生动活泼、把思想感情表露得真挚感人，常常把事物当作人来描写，把属于人的特性、特征加到事物或自然现象的身上，抒发对事物或现象的内心感受。例如：

The sun was already high in the clear sky; The fields were still glistening with dew.The valley of awakening radiates the sweet smell, while the old birds sing merrily in the silent forest of the dew.

译文一：太阳已经高悬在明净的天空；田野里仍然闪着晓露。初醒的山谷散发着芬芳的气息，而宿鸟则在朝露未霁、悄无声息的森林中欢快地歌唱。

译文二：太阳已经高悬在晴朗的天空，但是田野里还闪烁着露珠，从醒来不久的山谷里送来阵阵清新的芳香，在还是带露的，没有喧嚣的森林里，早醒的小鸟在快活地高唱。

在这段景物描写中，两处使用拟人修辞手法。在短语“the vally of awakening”中awakening意为“醒、醒来”，而这个行为是人或动物的行为，作者用它来描写夏日清晨的山谷，是借物抒情的一种方法，能够激发读者的丰富想象。sing是高声歌唱的意思，把小鸟的叽叽喳喳比作高声歌唱，这样的描写既激发读者的想象，使读者在脑海中勾勒出一幅美丽的夏日清晨的画面，又增强了作品的艺术感染力。

2. 拟物

拟物指的是把人当作物，或把此物当作彼物来描写的修辞方式，即把物的属性转用到人的身上，给予人以物的特征，把人“动物化”；或把此物当作彼物，把抽象概念当作物来描写。

He was a little nervous, and not very well; But when he spread his wings—oh, my God! It really took off! —Straight into the blue sky!

译文一：他有些神经质，身体也不很好；但是，当他一旦展翼的时候——天哪！那真的是一飞冲天啊！一直飞到蓝天深处！

译文二：他这个人是神经质的，身体不好，然而当他展翅的时候——天哪！那可真是一飞冲天，直上蓝天，直上九重天啊！

此例是拟物修辞格的典型例子，wings是“翅膀，翼”的意思；took off是“冲飞”的意思。当读者读到这里首先想到的是展翅的雄鹰或翱翔天空的鸟儿，人不可能有翅膀，人也不可能会飞，在这里把属于鸟类的特性转用在主人公的身上，把他给“动物化”了，充分暗示了他是一位才华横溢的启蒙者，是有理想、有抱负的人，如果社会能够给他施展才华的空间，那么他一定会大有作为，就像是展翅的雄鹰一样一飞冲天。

（三）英汉夸张对比及翻译

夸张就是在客观事实的基础上，运用丰富的想象力，对所要叙述的人或事故意言过其实地夸大或缩小描写，以增强感染力，并突出人物的形象、事物的特征，从而给人留下深刻的印象。夸张修辞格包括夸大修辞格和缩小修辞格两种类型。在篇章翻译中使用夸张修辞格，可以充分引起读者无限想象、突出人物性格、增强作品感染力。

1. 夸大修辞格

夸大修辞格又称夸张或铺张，就是对人、事或现象做夸大其辞的描述：极言其大、其多、其快，有比现实更强烈的艺术性。夸大修辞格有夸大范围、程度、数量等几种类型。夸张有时借助于比喻、比拟等修辞方式表现出来。例如：

Though Panda Levsky used to say that she knew all Europe, all Europe knew her!

译文一：虽然潘达列夫斯基常说她认识全欧洲，全欧洲也都知道她!

译文二：虽然潘达列夫斯基说起她来总说她认识整个欧洲，整个欧洲也知道她!

在英语中夸大范围时经常使用词汇在时间、空间、价值等方面进行夸张描述。在这个例子当中潘达列夫斯基在描述达里娅·米哈伊洛夫娜时夸张地使用了all来形容她广博的见识和知名度。潘达列夫斯基极尽可能地讨好达里娅·米哈伊洛夫娜，对她阿谀奉承、献殷勤，突出了潘达列夫斯基厚颜无耻、谄媚的性格。

2. 缩小修辞格

缩小修辞格又称微言，即对事物或现象作有意缩小描写，减弱事物或现象特征的程度，极言其小、其少、其短等。缩小修辞格有缩小数量、程度、高度、距离等几种类型。《罗亭》中使用了缩小修辞格。

In a quarter of an hour he was the only voice to be heard in the drawing room.

译文一：一刻钟以后，客厅里就只能听见他的声音。

译文二：一刻钟后，满屋子只听见他一个人的声音。

此例中用only来形容罗亭演说时满屋的人由于聚精会神聆听而发出声响的人少，缩小了实际数量，表示人或事物数量少时经常用only等词。

三、英汉句法修辞对比及翻译

（一）排比修辞格

排比修辞格就是把两个或两个以上结构相同或相似，所用词语相同、节奏和谐并列使用的一种修辞格式。这种并列使用的结构也称为平行结构。在平行结构中，出现在语句之首或语句之尾的共同词语称为是提挈语。使用排比修辞的目的是增强文章的气势，表达强烈的思想情感，更有力地说明事理。例如：

Everything about love: how it happens, how it develops, how it is destroyed, is a mystery.

译文一：爱情的一切：它怎样产生，怎样发展，怎样消灭，都是神秘的。

译文二：爱情！爱情是怎样产生，怎样发展，怎样消失，这一切都是神秘的。

这个例句是使用了三个“how”作为提挈语的平行结构的排比句，用来说明爱情是很复杂和神秘的，读起来朗朗上口，增强了语言的气势和表达效果。

（二）引用修辞格

引用修辞格就是说话或写文章时，引用别人的话或引用名言、警句、成语、俗语、谚语来说明某一问题或阐述某种观点。有时为了使文章更有可读性、更有说服力，也常引用一些诗歌、典故、历史传说等。引用的目的是以简练的语句表达丰富的含义并增强说服力。引用分为明引和暗引。篇章中不乏一些引用诗歌、传说或名人名言的例子。

1. 明引

明引指被引用的语句用引号或破折号表示出来，对说理表情达意都很有帮助，为自己的观点和看法提供有力的论据。例如：

It’s just what La Roshevgo said long ago：believe in yourself first, and then others will believe in you.

译文一：

不过是拉罗什富科老早已经说过的罢了：先相信你自己，然后别人才会相信你。

译文二：

其实在您以前拉罗什富科早已说过了：先相信自己，然后别人才会相信你。

弗朗索瓦·德·拉罗什富科是法国道德问题作家，他的《道德箴言录》负有盛名，“先相信自己，然后别人才会相信你”是他的一句名言。

2. 暗引

暗引是把被引用的语句融合在作者的文章或诗歌中，不明确标明引用的来源，并对引用语句作较大的改变。

第五节　英汉文体对比及翻译

一、文体的概念

在英语中，与“文体”对应的为style一词，“文体”之外，该词尚有“风格”“语体”等多种含义。“风格”概念语义上较为宽泛，比如作家风格、作品风格、语言风格、言语风格，各种所指均不乏独特内涵。语体同文体及风格有一定关系，所反映的是不同的语言使用级别，常以口语、书面语或正式、非正式等进行标记，大致可划分为冷淡、正式、征询、随便、亲密等五大类型。

风格、语体特征往往通过不同的文体得以呈现。众所周知，语言是信息的载体，在交际过程中，因交际环境与方式、交际主题与目的等不尽相同，将语言运用于不同的交际场合，会产生具有不同交际功能的文章体式或文本类型，也就是所谓的“文体”。如上所述，将语言运用于不同的活动领域，即可产生不同的文体类型，比如应用文体、文学文体等。因表达对象有别，不同文体又不乏各自的表达功能：科技、法律文体以传递信息、阐明事理等为主要功能，语言表达程式化较强，讲究严密精确、清晰凝练、语气平稳、叙述客观，其不追求文辞华美、不涉及感情因素，此种类型一般称为应用文体或信息型文体；小说、散文、诗歌文体则以抒发、交流感情为主要功能，语言优美、感情丰富，具有强烈的主观色彩，传递信息的同时往往还蕴涵着丰富的感情色彩，在个别类型中，信息传递甚至会让位于情感抒发，故可称为文学文体或情感型文体。

不同文体中，行文方式往往迥然有别，就文体翻译而言，比较与对比同样具有方法论意义。不同文体之间，语言表达方式不乏差异；不同语言之间，同类文体行文习惯亦不尽相同。分析并区别这些差异无疑有助于提高翻译实践能力。鉴于此，我们需要对英汉问题进行综合性比较、对比与分析，以期寻求共性，发现个性，培养语言、文体对比与转换意识，总结文体翻译规律及方法，从而最大限度地避免因语言、文体差异而引发的理解与表达错误。

从表达功能或交际目的入手，可将文体大致划分为应用文体及文学文体两大类别，除此以外，还可将文体详细分类如下。第一，公文事务文体：法律、外交、军事、经济、一般事务文书等。第二，科学技术文体：科学论文、学术报告、生产技术资料等。第三，新闻论说文体：报道、社论、通讯、评论、政论等。第四，文学艺术文体：小说、散文、诗歌、戏剧等。第五，日常应用文体：广告、书信、日记、通知、启事等。下面对应用文体和文学文体的英汉对比及翻译展开论述。

二、应用文体英汉对比及翻译

应用文体可分为广告、科技、法律、论述等类别。首先需要指出的是，应用文体虽以信息传递或思想交流为主要目的，但某些类型也具有一定的表情功能。以广告、讲演等文体为例，其中就不乏鼓动、激励、劝说等成分，尽管如此，我们仍不拟将其归入文学文体之列，其原因是，广告与讲演文体以信息传递为核心功能，情感功能不过是用来强化信息传递的辅助手段，整体上并不能改变这些文体的根本属性与特征。下面重点介绍广告文体和科技文体的英汉对比及翻译。

（一）广告文体的英汉对比及翻译

汉语和英语分属不同的语系，虽然有不少共性元素，但很难做到形式上的对等。所以在翻译广告时，译者宜发挥自己洞悉两种语言与文化的优势，充分考虑广告受众的语言、文化等因素，使译文更符合英语广告的特征，更加有效地刺激受众的购买欲望。对广告文体的翻译要注意以下两点：

1. 恰当应用多种翻译技巧

（1）直译

直译是指把原来语言的语法结构转换为译文语言中最近似的对应结构，但词汇则依然一一对译，不考虑上下文。它主要用来处理一些原文意义较明确、句法结构较简单且按字面意思直接翻译便能同时表达句子的表层意思和深层意思的广告语或标题。直述式的广告，翻译时尽量不要改变原文原句的风格与句式，如“We're Siemens. We can do that.”译为：西门子，我们能办到。

（2）意译

通常指取原文内容而舍弃其形式，是一种经过消化后的“语内翻译”，容许译者有一定的创造性，但原文的基本信息应该保存。意译的翻译手法较为自由、灵活，翻译过程中通常考虑到了译文目标读者因文化而产生的阅读和理解上的差异，译文从读者角度看比较地道、可读性较强。对原文进行意义的挖掘、引申或扩展，有时出于表达习惯的需要，也会使用工整对仗的句式，朗朗上口且意义深刻。如“Good to the last drop.”译为滴滴香浓，意犹未尽。（麦斯威尔咖啡）；“Intelligence everywhere.”译为智慧演绎，无处不在。（摩托罗拉手机）从上述例子可以看出，意译很恰当地表达了产品的特性，虽然没有在词义上与原文一一对应，句子的结构形式更是荡然无存，但仔细琢磨，原广告词的精髓和深层意思得以很好地保留。

（3）直译意译结合法

翻译时部分直译、部分意译。例如，世界大牌饮料 seven-up，如果直译为“七上”，我们不免会联想到汉语里的一个词语“七上八下”，所以将“seven”直译为“七”，“up”指“come up with”，有“活泼向上，使人欣喜”的意思，取其意，译为“喜”，两部分合在一起译为“七喜”。

2. 翻译时注意文化差异和语言转换作用

以汉语为母语和以英语为母语的人在民族心理、思维和推理模式方面存在显著的差异，持相异文化的人在使用对方语言交际时，文化差异因素必然会制约语言的使用。所以翻译广告英语时一定要重视语言文化的差异。例如：众所周知“白象”牌干电池一度畅销全国，出口时翻译成“white elephant”，但“白象”在英语中还意为“无用而累赘的东西”。这个广告译文在英美市场会带来的后果就可想而知了。

为向译文读者忠实地传达原文的信息，有时需要作适当的文化转换。如下面一则食品的广告词：“本品即购即食，食用方便。”原译文为“Opening and eating immediately.”。汉语的“即购即食，食用方便”等说法是描写某食品食用上的方便，用 immediately 译上述广告中的“即”不妥。国外消费者读到 immediately 产生的联想是“不吃掉，食品马上就会坏掉”，势必有损产品的形象。而用英语的惯用表达，把“即购即食，食用方便”译为 ready to serve 才能达到广告双语转换中产品的形象的等值效果。因此广告翻译不是表象文字上的吻合，而是信息和语言内涵上的紧密结合。只有当广告原文语言在消费者心目中引起的反应与译文语言在译文消费者心目中产生的反应在效果上极相似时，翻译才算达到等效。

（二）科技文体的英汉对比及翻译

科技文章是科技人员研究成果的直接体现。文章内容一般比较专业，语言文字正规、严谨。科技文章侧重叙事和推理，所以具有很强的逻辑性，它要求思维准确和严密、语言意义连贯、条理清楚、概念明确、判断合理恰当、推理严谨。科技文章一般不使用带有个人情感色彩的词句，而是以冷静客观的风格陈述事实和揭示规律。此外，科技文章有时使用视觉表现手段，这也是其文体的一个重要特征。常用的视觉表现手段是各种图表，如曲线图、设备图、照片图和一览表等。图表具有效果直观、便于记忆和节省篇幅等优点。

如同语言的其他功能变体一样，科技文体并没有独自的词汇系统和语法系统。除了专业术语和准专业术语之外，科技文章也使用大量的普通词汇，其中包括一般的实义词和用来组织句子结构的语法功能词（如介词、冠词、连接词等），只是由于科技文体具有特殊的交际功能和交际范围，人们才逐渐认识到识别和研究这种语言变体的重要性。科技文献的翻译较多涉及的是英译汉的实践，在翻译过程中有一些常用的技巧，现介绍如下。

1. 科技文体词汇的翻译

鉴于科技词汇所固有的特点，在翻译过程中我们主要采取直译和意译两种方法。

(1) 直译

所谓“直译”，就是直接译出词的指示意义。科技文体翻译中经常使用的是这种方法，因为科技文献涉及的内容很少有文学作品反映出的那种文化上的差异。直译的具体方法有移植，音译，象译、形译等。

① 移植

移植就是按词典所给出的意义将词的各个词素的意义依次翻译出来，这种方法多用于派生词和复合词。例如：

microfilm　微缩胶片

supercomputer　超级电脑

database　数据库

microwave　微波

移植可能遇到的最大问题是，对同一个词或词素，词典可能给出了几个对等的词或字。要想使译文通顺，就要根据题材（即所涉及的专业）和词语的搭配来确定这个词的词义，选择最符合所译专业的术语规范来表示。例如，英语中的后缀 -er，-or，一般意义是“做……的人”；但在不同的题材或专业中，它就可以译成“……器”“……机”“……盘”“……装置”“……源”等。例如：

contractor　压缩机（机械）

programmer　程序设计装置（计算机）

projector　辐射源（光学）、放映机（机械）

capacitor　电容器（电）

distributor　配电盘（电）、燃料分配器（机械）

② 音译

音译是翻译专有名词，如人名、地名等采用的一种方法。除此之外，有些用来表示新材料、新产品、新概念、新理论的词，或是一些用来表示药名、商标名称、机械设备名称的词，以及一些缩略名词，也可以借助音译。这主要是因为英语在汉语中没有贴切的词与之对应，使用意译又比较费事，而且不利于查对原文；其次是因为它们大多只有一个意思，并且与专有名词有着千丝万缕的联系。例如：

penicillin　盘尼西林（青霉素）

Cherokee　切诺基（吉普车）

watt　瓦特（功率）

farad　法拉（电容）

bit　比特（二进制信息单位）

一般说来，音译按照译音表译出即可，但是有些词若仅仅是音译意思很不清楚。此时则有必要加上一些词来表明所指物用途或属性。例如：

rifle　来复枪

tank　坦克

card　卡片

③ 象译

象译，在科技文中，常用字母或词描述某种事物的外形，翻译时也可采用同样的方法，用具体形象来表达原义，也就是说根据所指物体的形状进行翻译。例如：

T-beam　T 字梁

cross wire　十字线

U-pipe　U 形管

V-belt　三角皮带

④ 形译

形译，在科技文献中当遇到某些代表某种特定概念的字母及涉及型号、牌号、商标、元素名称时可以不必译出，而直接照抄即可。简而言之，根据词的形状进行翻译。例如：

S-band　S 波段

X-ray　X 射线

使用象译、形译翻译时，要注意译文习惯的比喻形象。

（2）意译

所谓“意译”，则是译出词的隐含意义。随着科学技术的不断进步，新概念、新工艺层出不穷。科技工作者为了使自己的观点或技术容易为一般人所接受，将很多的生活词汇、神话传说引入了科技词汇。由于英汉两种文化上的差异，有时候需要意译。使用的具体方法有推演、引申和解释等。

① 推演

推演是指不能简单地照搬词典，或者将词拆散为词素后逐个译出。它要求译者根据词典所给的意义和原文具体的语境推断出某个词的词义。译文要包含的不仅是原文单词的指示意义，还有它的隐含意义。例如：“space shuttle”按字面意思是“太空穿梭机”，其实此处的“space”指的是“航天”，而“shuttle”则是指往返于太空与地球之间、形似飞机的交通工具，因此译成“航天飞机”。这种译法就是通过原文的指示意义和隐含意义推演而来的。

② 引申

引申指的是在一个词所具有的基本词义的基础上，进一步加以引申，选择比较恰当的汉语词来表达。如“brain”的基本词义是“大脑”，抽象意义是“智力”，因此“brain trust”就可以引申为“智囊团”，“brain drain”就可引申为“人才流失”。再如“heavy”的基本词义是“重”，“heavy crop”可引申为“大丰收”，“heavy current”可引申为“强电流”，“heavy traffic”可引申为“交通拥挤”。必须强调指出，引申词义不能超出基本词义所允许的范围。

③ 解释

解释是一种辅助性的翻译手段，主要用来解决上述方法不能解决的问题。如“blood heat”，不管是用移植还是推演，或是其他什么方法，都难以译好。碰到这种情况，可以借助解释的方法，将其译成“（人体）血液正常温度”。这一方法大多用于个别初次出现而意义又比较抽象，含义比较深刻的名词或专业术语，但是在这些词找到了更为恰当的译法后，应该立即使用新译法。

总之，词的翻译方法很多，如：从修辞的角度进行概括的替代法，从语法角度进行说明的转换法，从形式上进行分析的增词法、减词法等。这些方法，前面有的已经介绍过了，在此不再作进一步的论述。

2. 科技文体句子的翻译

句子的翻译与词的翻译一样，也分为直译与意译。虽然科技文体翻译比较注重直译，但意译仍是重要手段。意译要求摆脱原文表层结构的束缚，根据句子的深层结构，用译文恰当的表现结构再现原文的思想。下面根据英语科技文体的句法特征，介绍一些具体办法的运用。

(1) 名词结构的译法

① 将名词词组扩展成句子

The slightly porous nature of the surface of the oxide film allows it to be colored with either organic orinorganic dyes.

氧化膜表面具有轻微的渗透性，因而可以用有机或无机染料着色。

② 将名词词组转换成动宾结构

The testing of machines by this method entails some loss of power.

用这种方法测试机器会损失一些功率。

③ 将定语从句转换成并列句子、状语从句等

This is an electrical method which is most promising when the water is brackish.

这是一种电学方法，它最有希望用于略含盐分的水。(并列句子)

Nowadays it is understood that a diet which contains nothing harmful may result in serious disease if certain important elements are missing.

现在，人们懂得，如果食物中缺少了某些重要成分，即使其中不含有任何有害物质，也会引起严重疾病。(状语从句)

复合名词词组的译法很多，但万变不离其宗，即离不开语义关系和语言习惯。例如“the flow water”直译是“流动的水”，意译可以是“水流”或“流水”，这都符合语义要求和汉语习惯。

The flow of electricity along a wire may be compared to the flow of water along a pipe, and consequently it is known as current.

我们可以把沿电线流动的电比作沿水管流动的水，为此，我们称电的流动为“电流”。

(2) 被动语态的译法

英语的被动语态在译成汉语时有 3 种可以借鉴的表层结构：正规被动句、当然被动句、无主句。

① 正规被动句

正规被动句通常是由介词“被、叫、让、受、为”等引起的被动结构。

In the sixteen months since the first graft, the ersatz skin has not been rejected by any of the patients.

第一次植皮后的 16 个月内，人造皮肤在每一个病人身上都没有受到排斥。

② 当然被动句

汉语动词的语态在很大程度上取决于句子的深层结构，而不在于表层结构。表层结构的主谓关系可以表达深层结构中的动作——受事关系。换言之，将英语的被动句译成汉语的主动句。

A new device was put in the chimney and so no harmful dirty smoke spread out.

一种新的装置装入了烟囱，从而有害的污烟便不再冒出来。

③ 无主句

汉语的无主句与英语相比是一种独特的句型。英语的许多被动句不需要或无法讲出动作的发出者，因此可译成汉语的无主句，而把原句中的主语译成宾语。

Account should be taken of the low melting point of this substance.

应该考虑到这种物质的熔点低。

Among other things, the levels of the metals in food, human tissues and body fluids must be monitored.

此外还必须监测食物、人体组织和体液中金属的含量。

三、文学文体的英汉对比与翻译

文学文体包括诗歌、小说、散文、戏剧等多种体式，主要用于抒发情怀或寄托情感。文学文体的表现手法让作者可与读者充分共享个人的审美经验或体验，以唤起强烈的审美愉悦。尽管不同体式的作品各有其艺术表现规则，文学文体均需要借助语言技巧及诗学手段将丰富的意义内涵巧妙地融入某种独特的形式，而正是在这一过程中，文学文本才获得了有别于应用文体的特征或特性。就转换而言，文学翻译也涉及形式与内容两个方面的问题。所谓形式，即行文方式，包括常规与非常规两种现象，前者为一般表述手段，可依照语法规则进行合理的分析，有悖于相应的句法规则，即会导致逻辑或语义失误，后者为变异表述手段，常具有明显的标记性与修辞色彩，是形成语言表现风格的主要因素。而所谓内容，则是指由上述两类表述形式所承载的思想信息，在这里，“信息”一词包括两个方面：一是概念信息，也即言说的实质，通俗地讲就是说了什么；二是文体风格信息，也即独特的语言形式所蕴含的审美信息。通常情况下，形式越独特，越能够为读者留下深刻印象。形式与内容之间密不可分：形式是概念信息的载体，独特的形式本身也传递了某种审美信息；反过来，内容更离不开形式，所谓“皮之不存，毛将焉附”，概念也好，审美也罢，离开形式，任何信息都将无所依存。由此可见，文学翻译过程中，译者必须留意种种独特的形式及其所承载的独特意义。此外，因不同语言表述上各具特色，语言方面的差异也必然会对形与神关系的处理带来意想不到的障碍。

比之其他文体，文学语言更注重形式上的独特性，或者说更注重借助变异手段将日常语言诗学化，从而赋予其更为丰富的审美内涵与价值，这也是作家与作品风格得以雏形的主要因素之一。然而另一方面，在文学作品中，具有标记特征的非常规或变异现象并非总是表达的常态，也就是说，一般情况下，作家或诗人总需要运用正常或常规表述手段进行叙事与描述，故此独特语言现象除外，文学文体翻译同样也涉及一般意义上的语言差异问题，涉及语言在语音、词汇、句法、修辞、篇章等方面所表现出的成系统的且可进行定量与定性分析的区别特征。

（一）特殊语言与常规表述的翻译

就文学翻译而言，译者既应注意特殊语言形式的处理，同时更不能忽视常规表述现象的转换。例如：

Behold her，single in the field；
Yon solitary Highland lass！
Reaping and singing by herself；
Stop here，or gently pass！
译文：瞧！那边的田野里，
苏格兰姑娘她独自一人，
一面收割挥镰，
一面尽情歌唱。
这边停停，又飘然远去。

根据英语句法规则，原诗最后一行与首行两相呼应，均应为祈使句式，因而可认定译文出现了理解错误，最后一行应改为“你停停步！要不就悄悄走过”，误译的原因显然是译者将祈使结构误解成了汉语中常见的无主句或主语省略句。

日出而作，
日入而息；
凿井而饮，
耕田而食。
帝力与我何有哉！
译文：Work at sunrise；
Rest at sundown.
Dig wells for drinking；
Till fields for eating.
Di's power，though great；What's it to me and us！

原诗前四行中，动作主体应为下文中的“我”，而译者却将其误解为祈使结构，如此一来，陈述语气却变成了请求或命令，可谓与原诗形式及内容大相径庭。

可见，从基本句型到书写系统，任何差异的形式均有可能成为文学翻译中的障碍，而所有这些都要求译者必须具备充分的语言对比意识。文学翻译中，译者所遭遇的诸多问题无不涉及语言系统方面的差异，而假如进一步考虑到其他方面的因素，情况则势必会变得更为复杂。以《天净沙·秋思》为例，其中“西风”一词的转换即涉及地缘淡化方面的问题。表面看去，直译似无任何挑剔的余地，但事实却并非如此，west wind 抑或会令英国读者感到困惑，其原因是，英国的西风起于大西洋洋面，温暖而湿润，与汉语中的“东风”或“春风”大致相若；而在我国，西风则多见于秋冬季节，阴冷而干燥；常用于表现哀苦、悲凉等令人不悦的情绪。正所谓语言是文化的载体，文学翻译过程中，文化上的规约性往往又会导致语言上的不可通约性，尤其在习惯表达、修辞格运用等方面，由此而引发的种种问题将会进一步成为翻译中的障碍。

（二）习惯表达与美学修辞差异与翻译

习惯搭配及修辞手法是语言中最为独特、地道的表达形式，因此也更能够深层次地反映不同民族的文化与审美倾向，然而经验告诉我们，文学翻译过程中，表现手段越是独特，越容易成为转换中的障碍，进而导致翻译中的败笔。例如：

When a woman dresses to kill, the victim is apt to be time.

女人精心打扮时，时间便会成为牺牲品。

原文中运用了一明一暗两个习语：明的为 dress to kill（一般作 dressed to kill)，暗的是 kill time；前者意为“打扮入时”或“打扮时髦”，后者表示“消磨时间”。单独运用时，两种形式处理起来都不算棘手，而一旦套在一起，便令人无处下手了，双关语义所产生的幽默效果实不易移植到汉语中来。

三四个筛酒的酒保，都手忙脚乱，搬东搬西。

译文：But these serving men were so busy, their hands and feet were all in confusion, and they were moving things hither and thither, east and west.

“搬东搬西”为习惯搭配，意思是“搬东西”，译作 moving things 即可，hither and thither 及 east and west 纯属画蛇添足。

上述译文之所以出现失误，原因就在于译者忽略了习惯搭配问题。仍以“搬东搬西”为例，“……东……西”应是“东西”的扩展形式，从概念意义来看，其英语对应形式当为 east and west，但必须注意的是，概念意义除外，汉语方位词语尚有诸多扩展的习语意义或习惯搭配意义。比如“东西南北”既可表示方位，意为north，south，east and west，也可用作习语，表示the four corners of the world。类似的现象还有很多，事实上，由“东”“西”构成的不少形式都应该视为习惯搭配，翻译时应根据情况灵活处理。例如：

近几年来，父亲和我都是东奔西走，家中光景是一日不如一日。

译文一：In recent years, both father and I have been living an unsettled, and the circumstances of our family going from bad to worse.

译文二：Over the last few years，father and l have been moving from place to place，while things have been going from bad to worse at home.

本例中，“东奔西走”意为四处漂泊或居无定所，其中方位意义已被淡化，故而翻译时应采用归化法。此外，“东西”还可表示物品或事物，转换时可译作thing，也可酌情译为what等词语。“东西”表示物品或事物显然也属于习惯用法，有趣的是，“东西”还可以用来指人，且多具贬降意义，如“小东西”(kid)、“老东西”(old fool，old guy，old chap)、“坏东西”(bastard，scoundrel，bad egg）等，这也该是“东西”最为独特的用法了。

在英语中，thing一词也可以用来指人，依照所用限定成分的性质，该词既可指好人，也可指坏人。比如a poor little thing（可怜的小家伙)，a sweet thing（可爱的小家伙)，an old thing（老朋友；老家伙)，you selfish thing（你这个自私鬼）等。

文学翻译过程中，除习惯搭配外，尚有美学修辞方面的问题。我们知道，英汉语修辞运用基本上是一致的，但与此同时，因语言系统等方面的差异性，两种语言也不乏各自独特的修辞现象。就翻译而言，共享的修辞手段通常可以直接转换，但也不排除例外情况，比如She is areal dragon即需要译为“她是个悍妇”等，至于修辞格空缺现象，则大多需要借助译入语表达优势进行适当的变通。例如：

Time was a swiftly flowing river that had no shore，no boundaries. Its seasons were not winter，spring，fall or summer，but birthdays and joys and troubles and pains.

译文：岁月是一条无边无涯的湍流。一年四季不是冬去春来，夏尽秋至，而是生日与欢跃同在，烦恼与痛苦共生。

原文运用了三种修辞手段，其中隐喻是两种语言所共有的，且汉语也常将岁月喻为河流，故而可直接转换，此外第一句及第二句后半部分分别出现了“散珠”与“联珠”修辞手法，因汉语无对应形式，译文权且运用了四字格与平行结构，试图以整饬、顿挫的节奏再现原文所蕴涵的哲理美。

同样，汉语中也不乏独特的修辞现象，以叠词手法为例，英语中即无对应形式。叠词可用于拟声、拟态与摹状，英语中虽有“回声词”这种类似的表达形式，但很少将同一词语叠在一起，更不会出现“滴滴答答”“郁郁葱葱”“袅袅婷婷”之类的成对叠词现象。鉴于此，将汉语叠词译为英语，往往需要借助相应的变通来化解。例如：

一眼望去，疏疏的林，淡淡的月，衬着蔚蓝的天，颇像荒江野渡光景；那边呢，郁丛丛的，又似乎藏着无边的黑暗，令人几乎不信那是繁华的秦淮河了。

译文：As one looked into the distance, the sparse trees and pale moon set off by the blue sky offered a view like that at a deserted ferry on a desolate river.Further yonder, the gloom seemed to hide a boundless darkness, which one could hardly believe was still part of the busy Qinhuai River.

原文中，叠词反复既产生了音韵修辞效果，也营造了含蓄朦胧的意境或韵味，而在译文中，则只能以形容词或具有描写功能的名词加以应对，其结果不仅丧失了叠词所特有的韵律美，也一定程度地遮蔽了原有的朦胧审美效果。由此可见，语言系统差异何等根深蒂固，取道于变通及化解，所得者往往如釜底抽薪、差强人意。

总之，鉴于英汉习惯表达与修辞方式存在着差异，文学文体翻译同样需要充分的语言对比意识及灵活应变能力，只要能做到表达得体，且不悖于原意，归化也好、异化也罢，译者尽可以选择不同的转换手段。以 kill two birds with one stone 为例，译为“一箭双雕”无妨，译作“一石两鸟”亦可，只是后者更能充分再现源语文化意义，同时也为汉语输入了崭新而生动的表达形式。然而，另一方面，由于语言文化上的规约性，某些习惯搭配及修辞手段转换时却无法做到得心应手，此类现象可见于上述个别译例，这里不妨另举一例：有人曾将“He paid through the nose for the picture.”译作“他购买这幅画是通过鼻子付钱的”，译文显然有悖于汉语接受习惯，而采用归化方法，将其改为“他购买这幅画是出了天价的”，倒不妨视为可行的变通手段，当然，变通之后，失真难免。这也从一个方面体现了文学翻译的实质：形神之间，粗龋常有；形神相合，古今难全。

第三章　英汉文化对翻译的影响

本章内容为英汉文化对翻译的影响，主要论述了英汉两种语言的基本差异、英汉两种语言中习语的差异、英汉典故在两种语言中的异同、英汉文化差异对翻译的影响与制约以及英汉两种思维方式的异同。

第一节　英汉两种语言的基本差异

文字所承载文化内涵的能力要比口语大得多。汉语是使用人口最多的一门语言，使用率较高；而英语则是使用国家和地区最多的一门语言，国际性较强。通过对英汉两种语言文字的对比，可以帮助译者在语言结构的各个层次上发现和鉴别出各种差异，就可以进一步理解源语的思想内容。

一、汉语与英语的语音差异

（一）汉语的语音特征

1. 一字一音，一韵多字

汉语发音单位是字，一个字一个音，干脆利落。汉语语音构成的特点为，除少数汉字是纯韵母音素（如“爱”“鹅”“哦”）以外，大部分汉字均由“声母 + 韵母”拼合而成，其中的声母和英语中的辅音音素类似，韵母与英语中的元音音素类似。而且，汉语中的韵母，不管其标注方式是一个韵母字母（相当于英语的元音字母，如“e”“i”等），还是由两个或三个韵母字母组成（如“uo”“ei”等），发出来的都是一个音。而英语则与之不同，在国际音标里同样标注为“ai”的音在发音时须由第一个元音音素“a”滑向第二个元音音素“i”，即“ai”是由两个音素构成的，所以是双元音。英语中的单音词很少，大多是多音词，也就是一个词蕴含至少两个音，多者可达七八个甚至更多。这里提及的“音”不仅仅是指音素，更不是指音节，而是指单一的音素或两个或更多音素（辅音与元音）拼合在一起发出的一个音，虽然英语中双元音构成的音素在常速或者快速的语流里通常难以听出是两个音。

有一点需要注意，虽然汉语中有的韵母音素的标注方式含有声母字母（相当于英语的辅音字母，如“an”中的“n”和“eng”中的“ng”等），发出来的音素只是一个母音。换句话讲，汉语每个字的尾部都不会有与英语辅音相当的音素。这种情况在很大的程度上导致汉语文字无法演变成拼音文字。因为拼音文字如英语需要具备的一个重要特点为，在许多场合，前后的音素能拼合，乃至前后的单词也能连读，其原因是在英语的双音节词或者多音节词的尾部往往有辅音音素，因而当其后单词的开头是元音音素时，就很容易与其相拼。而汉语由于其每个字的尾部均为韵母音素，所以前后的汉字在发音时不能拼合连读。

2. 一字一调

因音高起伏所形成的旋律模式与字词的发音紧密结合，因而汉语属于声调语言，其声调通过四声表示，有一、二、三、四声，也就是阴平、阳平、上声、去声四调，前两声是平声，后两声是仄声。通常而言，汉语是一字一调；尽管也有很多汉字因有多种音、多种义而导致一字多调，不过实际上是由一字多义引起。即使这样，从语义出发，毫无疑问汉字的每一种词义只有一音、一调。例如“哄”字，这个字有三义，用作象声词，形容众人同时发出的声响时，读一声（hōng），如“哄堂大笑”；作“骗”讲，读三声（hǒng），如“欺哄”；作“吵闹”讲时，则读四声（hòng），如“起哄”。

从字词、语句的发音节律来看，汉语所采用的是“胸律动”模式，也就是遵循音节长度的规律、以音节为节拍吐字发音。而就每个汉字的语音来说，无所谓轻重；语音的轻重仅出现在句子层面，句中尤其是句尾的助词、叹词等通常都是轻读。例如，在问句“你懂了吗？”中，句尾的“了”和“吗”通常为轻读音。在一些叠音词构成的称呼语如“爸爸”“妈妈”中，一般靠后的字要轻读。因汉字一字一音和严格按照音节长度规律发音，其语音有了明显的抑扬顿挫，并形成汉语所特有的双声叠韵美，给人一种节奏整齐、铿锵有声之感。

（二）英语的语音特征

1. 单词发音以多音为主

英语中，词是可独立存在的最小语义单位，由一个或者多个字母拼写而成。就其发音来说，除了一小部分只有单元音音素的词（例如“or”“a”等）是一个音外，大部分的单词是一词多音，也就是包含两个以上的音。习惯上把一个元音音素或者元音组合（即双元音）看作一个音节（实际包含两个音素），根据其音素构成特点，还可以分成开音节、闭音节、-r 音节等。从音位来看，英语单词的音节有“单元音或双元音（如：a，or，I，owe）”“辅音（组合）+元音（如 buy，sky，hue）”“元音+辅音（组合）（如 art，own，ink）”“辅音（组合）+元音+辅音（组合）（如 bed，speak，watch，like）”等几种基本构成类型。而英语中大量存在的双音节词和多音节词的发音，就是由上述这些基本音节相互交叉组合而成，其中又有“元音十元音（如 hour，our）”这样的双音节词，然而即便是单音节词，只要其尾部有辅音，它发出来的就是两个音，例如“pat”读为 [pæt]，尽管是由三个音素“p-a-t”构成的，但听起来却是两个音，因为元音音素与其后的辅音音素是不能拼合成一个音的。但是，英语单词尾部的辅音音素却能够自如地与其后续单词开头的元音音素拼合在一起。英语单词读音的这种特点就使得它在很多场合下可将前后的单词连读，这恰恰是英语成为一种拼音文字的语音学、音位学的原因。

从押韵的角度来看，英语单词有几十万，尽管其元音音素只有 20 个，但是一词多音（即含有一个以上的音），尤其是经常带有的辅音尾音，使其韵脚种类剧增。例如“serve”和“stern”这两个词，虽然其中的元音音素都是“[ɜː]”，它们听上去却并不押韵，就是因为其后的尾音是不同的辅音音素，而这些辅音音素也是要发音的，想要押韵，单词尾部元音后的辅音音素也必须相同或者相似。如此一来，相对于汉语的同韵字，英语单词的同韵词乃至同音词就要少得多了。

2. 短语、句子有调，单词无调

因音高起伏而形成的旋律模式与短语、句子的发音紧密结合，故英语属于语调语言。就其一个一个的单词来说，是没有声调之分的，只有在短语、句子层面才会出现语调的差别。英语共有平调、降调及升调三种语调。一般来说，句子的前部、中部和独立的或者不在句尾的短语读平调，句子尾部则读降调或者升调。例如，陈述句句尾一般读降调：“A young woman was busy in the kitchen, and the children were playing outside the house.”，一般疑问句句尾一般读升调：“Have you understood what I said？”

从字词、语句的发音节律来看，英语所采用的是“重音律动”模式，即遵循句子重音复现的规律、以重音为节拍吐词发音。虽然英语没有平仄之分，但是在单词层面和句子层面却有轻重音之分，也就是说英语单词中的双音节词、多音节词及英语句子在发音时都要区分重读音和非重读音。在单词层面，含有两个或者两个以上音节的单词，通常由一个重读音节和一个或者一个以上非重读音节构成；不少合成词还可能有次重音及双重音现象。在句子层面，每个句子都有一处或者多处句子重音，如“Mary was reading her textbook very carefully in the classroom.”一句的句子重音就分别落在“Mary”“reading”“textbook”“carefully”以及“classroom”上，“very”若不强调通常不重读，剩余的几个词则是非重读的，一般采取一带而过的阅读方式。作为重音拍语言的英语，通过采用单词重音、句子重音、逻辑重音、连读、失去爆破和音步等手段，其语音有了明显的轻重缓急，音乐感很强。

二、汉语与英语的语义差异

汉语字词与英语单词在语义特征上存在着差异。

（一）汉语的语义特征

1. 汉语的构词能力强于英语

汉字是由基本笔画构成的，除了少数字外，其他字有其特定的意义。例如“莞”字，其字义就不是特别明确，不可单独使用，只有用在“莞尔”一词中才有明确的意义，形容微笑，例如“莞尔一笑”；而“绾”字就有明确的意义，是“把头发盘绕起来打成结”之义，例如“把头发绾起来”。“莞”是字不是词，而“绾”则是字也是词。除此之外，大部分汉字又都可以与其他的汉字通过各种组合而生成新的词。汉语新词的产生主要是依赖于原有汉字的反复变换的重新组合，人们基本上不再创造任何新的汉字。因而，经过数千年的发展，汉语字数未明显增加，反而有一些字渐渐地蜕变成废字；其总数也明显比英语单词少，最多的统计数字（包括废字）也只有九万字左右。所以，汉语的稳定性较强。但是如果算上由汉字组合而成的词，便数不胜数了，汉语的词远远多于汉字。

英语单词则由字母构成，它不叫字而叫词；尽管它的词也可与其他词组合而成合成词，但是其组合能力远远不如汉字。其产生新词的方法除了旧词增添新义、旧词合成新词外，主要还是通过新创的方式。例如：计算机作为新生事物问世时，英语为它创造了“computer”这个新词，从其构词方式能够看出，这个词纯属几个字母的拼合，不具备表达有关计算机语义的“会意”特征；而汉语则通过将原有的旧词“计算”与“机”组合到一起用以表示这种新事物。而且，它明显是个“会意词”，人们非常容易就可以猜到，这是一种用于“计算”的“机器设备”。随着新生事物及全新概念的大量涌现，英语中的新词也越来越多。据不完全统计，加上外来语，其总数已经超过了一百万。

2. 汉语一字一义、一音多字的情况要多于英语

语义和语音紧密相关，实际上语音就是语义的声音符号，所以我们从语音的角度分析英语与汉语在语义特征上的差异。汉语语音与语义的关系可总结为以下四种情况：

第一，汉语中大部分字是一字一音、一音一义，所以这些汉字就是一字一义。例如“店”字，读作“diàn”，意思是“进行商业经营的房屋”，也就是“店铺”，有“客店”“商店”“服装店”等之分。也有很多汉字虽然一字一音但是却一字多义，如“拣”字读作“jiǎn”，有基本含义“捡拾”，还有“挑选”这个派生的词义。

第二，汉语中一音多字的现象并不少见。一音多字指的就是相同的语音由不同的字或词发出，也就是不同的字词具有相同的发音，即“同音异形异义字”。汉语字典或词典可按照汉字发音分门别类地依序收录和索引。这就表示汉语中有大量的同音字、同音词。不过这种同音字词太多的现象却难住了初学汉语的外国人。例如当中国人说“jiān shǒu”时，这些外国人很难分辨是“坚守”还是“监守”，这两者的发音音调完全相同，但语义却完全不一样，“坚守”指的是“坚持守卫”，“监守”指的是“监督看守”，此时只能根据上下文语境或汉语使用者的汉语语感才能够判别出来。至于同音字就更多了，远多于同音词。

第三，汉语中一音多义现象较为常见，其实属于“一字多义”现象，一般指同一个字发音相同而意义却毫不相关。例如“举”字，只有一种读音，却有“往上托”“推选”“行为”等词义。再如“会”字，有“理解”“通晓”之义，还有“聚合”“见面”“集会”“团体名称”等含义。更常见的是同一个字在发音不变的前提下与其他字搭配而产生不同的词义，例如“典”字读作“diǎn”，其所组成的词语“典范”指的是可作为学习、效仿的榜样的人或者事物，其中的“典”之义为“标准、规范”；“典礼”指的是郑重举行的仪式，其中的“典”之义为“经典、法典”，衍生出“郑重、庄重”的意味；而“典当”指的则是一方将自己的财产押给另一方以换取一笔钱款，不付利息，议定年限，到期还款方可以收回原物的行为，其中的“典”之义为“抵押”。不过，在现代汉语中，“典”字从来都不单独使用，要组成词才有意义。

第四，汉语中还有一字多音的现象存在。一字多音指的是一个汉字在不同的语境中或者与不同的汉字搭配时就会有不同的发音，也就是“多音字”或“同形异音异义字”，当然也就具有不同的词义，所以这也属于“一字多义”现象，这

种现象通常在常用字词上比较多见。例如“乐”字读作“lè”时有“高兴、喜悦”之义，如“快乐、乐趣、乐意”等；读作“yuè”时，有“歌唱或演奏的曲子”之义，如“乐曲、音乐、乐队”等。有时只是音调的不同，如“好（hǎo）”和“好（hào）”，“好（hǎo）”意为“优点多的、优良的、令人满意的”，“好（hào）”意为“喜爱、易于”。

（二）英语的语义特征

英语中一词一义的情况有很多（主要是表示事物名称的词），但是其一词多义现象却要比汉语多，而且很多功能词、常用词的义项数量也明显比汉语要多，以至于在许多场合我们只能依赖上下文或者语境来辨别词义。

英语一词多音，也就是同形异音异义词的现象也比汉语要多，基本上都是不改变单词拼写而直接改变词的重音、辅音音素的清浊及词性、词义的情况，一般变动不大。

英语中一音多词，也就是同音异形异义词的情况则比汉语中的少，只有“our&hour”“for&four”“sea&see”等有限的十几组或几十组词。除此之外，还有与汉语同样较少的同音同形异义词，如“bear（忍受）”和“bear（熊）”“book（书）”和“book（预订）”等。另外还有较多的其词义只有轻微变动的同音同形异义词，如“hand”作名词时表示“手”，作动词时表示“用手递”。

需要注意的是，英语中的同义词或近义词是所有语言中最多的，原因是英语是一种具有极大包容性、开放性的语言，在其发展的过程中大量吸收了其他语种尤其是西方语言中的词汇（即英语中的“借用词”“外来语”）。这包括两方面的含义，一方面指的是同义词的总量要远超过汉语；另一方面指的是就某一词义来说，其每组同义词的数量远多于汉语。例如“工作”一词，其汉语的同义词或近义词有“任务”“岗位”“职务”“职业”等四个，而英语则有“job”“work”“task”“assignment”“mission”“chore”“post”“position”“occupation”“profession”“vocation”“career”等十多个。当然，英语同义词之间还会有细微的差别，不过近几十年来，随着经济、科技、社会的迅猛发展，随着生活节奏的加快，语言越来越趋于简化，英语更为明显，其所带来的一个变化就是越来越忽视同义词的差异。

三、汉语与英语的语法差异

（一）汉语的语法特征

汉语属于分析性语言，几乎没有词形的曲折变化，句子结构采用“意合法”，也就是汉语的语法关系不是靠形态来表现，而是采取提取意义支点的方法，依赖语义的搭配、语用的因素来反映词语的组合关系，了解句子的意思；主要借助语序即词语排列顺序来表达词语间的相互关系及其逻辑联系，也就是根据事件发生的先后次序、事理推移的内外顺序来排列语句，不常采用关联词以及句法手段，重在意合。根据中国人长期形成的逻辑思维习惯，汉语形成了主语在前、谓语在后的表述顺序。随着人们生产、生活需要的日益增长和语言内容及其形式的日益复杂，汉语句子中不仅包括主语、谓语等主要成分，还增加了定语、状语等修饰成分，并且形成了修饰成分修饰谁就放在谁之前的语序规则。中国人无须死记汉字的词性，因为汉语并没有刻板的词性划分标准，而是根据汉字的语义特征来断定其词性，如表示人、动物、植物和天地万物的名称的词和表示抽象概念（如“喜怒哀乐”“社会主义”）的名称的词均为名词；表示动作行为的词如“生活”“逝世”等均为动词；表示事物特征、性质的词如“勇敢”“优雅”等均为形容词等。而且在现代汉语中，动词和形容词可直接作为名词使用。例如“我们必须严密注意事态的发展。”这一句中动词“发展”用作名词作为句子宾语；再如“美丽不仅表现于外表，更体现于内心。”这一句中的形容词“美丽”则用作名词作为句子主语。因汉语没有词形的曲折变化而单纯依赖词性的直接转换和词语的排列顺序和上下文的逻辑关系来理解语义，所以汉语的句式结构是灵活、简单、松散的，词语间的逻辑关系并不严谨。汉语组词造句的规律非常简单以至于在过去几千年里汉语根本没有语法，只是到 19 世纪末 20 世纪初，在吸收、借用了英语语法的概念后才有了汉语语法，对汉语组词造句的规则作了全新的描述。

（二）英语的语法特征

英语原本属于综合性语言，但是发展到了近代已有了更多分析性语言的特征，因而可以说它是兼有两类语言特征的混合性语言。之所以说英语是综合性语言，是因为它始终保留词语的曲折变化；当语句中含有定语、状语等次要成分时，语序无法成为判断词语间逻辑关系的唯一依据。之所以说英语是分析性语言，是因为英语词语的曲折变化已大大减少，仅保留了动词形式的曲折变化和名词复数形式的变化、形容词以及副词比较级别形式的变化等几种，而且动词形式的变化也减少了，如今仅有四种主要变化形式；除此之外，在没有复杂修饰语的情况下，英语句子中词语的排列顺序和汉语类似，语义的理解完全可依据语序来决定。例如，“I have a clever brother and a lovely sister.”译文为“我有一个聪明伶俐的弟弟和一个清纯可爱的妹妹。”对比来说，英语仿佛与分析性语言更为接近。

英语具备汉语所没有的时态、语态、语气以及代词和名词的格、名词的数、形容词和副词的比较级别、动词非谓语形式等语法形式。这些种类繁多的语法表现形式，加之各种各样的词汇手段和五花八门的形连、意连手段，就使英语成了一个结构严密、句句相扣、组织有序、逻辑严谨的表意系统。

第二节 英汉两种语言中习语的差异

中西文化的差异造成习语运用方面存在巨大差异。习语，即习惯用语，指的是语言中经过各个民族长期运用而形成的相对固定的习惯表达法，汉语又叫作熟语。它们的特征如下：

第一，习语是各民族成员在长期的语言运用过程中经过高度提炼、概括而成的表达法；

第二，习语承载着各民族丰富且厚重的民族传统与文化内涵；

第三，习语的结构严谨、生动活泼、言简意赅、寓意深邃、富含哲理；

第四，习语基本上都蕴含鲜明的形象和丰富的隐喻。

因习语具备上述特征，故成为语言中必不可少的重要组成部分，在很大程度上使语言的表达方式更为充实和丰富，而且使语言的表现力增强了不少，使语言更言之有理、妙趣横生。

习语包括谚语、成语、俗语、格言等；另外，汉语中还有歇后语。其中，成语是数量最庞大的一种习语。而且，汉语中这些习语的分类有时并非绝对的，有很多成语本身就是谚语、格言或俗语；也可以说，有的寓意较经典深刻、结构较严谨简练的谚语、格言、俗语已经演变成汉语成语的组成部分。而英语中的成语、谚语、俗语之间在概念上基本上是泾渭分明的，彼此之间几乎不会发生交叉。

一、谚语

谚语是指在群众中流传的固定语句，用简单通俗的话反映出深刻的道理。谚语主要有两个特点：一是从形式上看，其结构规整、用词讲究，基本上都是语义完整的句子；二是语义上看，它通常是揭示比较深刻的道理，包括自然规律、客观真理、人生哲理等内容，涉及领域十分广泛。

（一）汉语谚语

1. 成语中的谚语

汉语成语中包含很多谚语，基本是五至七字组成的单句和三至七言的对句。这类谚语结构相对来说比较紧凑、规整。四字成语有狡兔三窟、居安思危、开卷有益、急流勇退、轻生重义、流水无情等；五字单句有蚂蚁搬泰山、行行出状元、苛政猛于虎等；六字单句有有志不在年高、身教重于言教、求人不如求己、远亲不如近邻、事实胜于雄辩、真金不怕火炼等；七字单句有一寸光阴一寸金、一年之计在于春、一个巴掌拍不响、多行不义必自毙、上梁不正下梁歪、众人拾柴火焰高、树欲静而风不止、长江后浪推前浪、强将手下无弱兵、清官难断家务事等；八字单句有狗嘴里吐不出象牙等；九字单句有跑得了和尚跑不了庙等；十字单句有有所不为而后可以有为等。

三言对句：玉不琢，不成器。四言对句：金无足赤，人无完人。五言对句：人不可貌相，海不可斗量。六言对句：天有不测风云，人有旦夕祸福。七言对句：画虎画皮难画骨，知人知面不知心。不规则对句：三人行，必有我师；道不同，不相为谋。

2. 其他谚语

其他谚语指的是那些结构相对自由、随意、松散，用词比较通俗、形象，基本由单句或对句构成，另外还偶尔可以看到由三个以上的句式构成的结构，姑且称之为“复句”。例如：

单句：登高望远、利害相连、家和万事兴、笨工出巧匠、君子成人之美、百密总有一疏、酒好不怕巷子深、久病床前无孝子、船到桥头自然直、百样通不如一样精、牛打的江山狗坐殿、孔子面前莫背三字经、皮革越坚硬越容易折裂、聪明人办事会先想困难后想成功。

对句：教不严，师之惰；读万卷书，行万里路；三个臭皮匠，赛过诸葛亮；镜子越擦越明，脑筋越用越灵；酒逢知己千杯少，话不投机半句多；得势的猫儿雄似虎，失势的凤凰不如鸡；多一支铃铛多一声响，多一支蜡烛多一分亮。

复句：龙游浅水遭虾戏，虎落平原被犬欺，豹子下河不如狗，凤凰落地不如鸡。

不规则句：白猫，黑猫，逮住耗子就是好猫；再狡猾的豺狼，也逃不过猎人的眼睛。

（二）英语谚语

英语中的谚语与成语无关。除此之外，它的特点与汉语谚语完全相同，一般都是句式结构完整、蕴含深刻寓意、可以给人以深切启迪的语句。例如：

All work and no play makes Jack a dull boy. 只工作不玩耍，聪明的孩子也变傻或只劳不逸，有害无益。

People in glass houses shouldn't throw stones. 自己有缺点，别揭他人短。

（三）英汉谚语语义表达和文化内涵的差异

从汉语谚语出发，就其喻体和喻指来对比与之相对应的英语谚语，思考其间在语义表达上的区别和相同之处。而二者之间表达方式的差异揭示了其不同的文化内涵。

1. 喻体（含部分喻体）和喻指（即字面和寓意）相同或相似的

滴水穿石。Constant dropping wears the stone.

事实胜于雄辩。Facts speak louder than words.

情人眼里出西施。Beauty is in the eye of the beholder.

谋事在人，成事在天。Man proposes, God disposes.

2. 喻体不同、喻指相同或相似的

老鸦怪猪黑。The pot calls the kettle black.

远水不解近渴。While the grass grows the horse starves.

有钱能使鬼推磨。Money makes the mare go.

人以群分，物以类聚。Birds of a feather flock together.

冰冻三尺，非一日之寒。Rome was not built in a day.

3. 喻体相同或相似、喻指不同的

静如止水。(喻指“心境平和”)

Still waters run deep. (喻指“大智若愚”)

4. 喻体和喻指均不相对应（修辞缺位）的

鸟尽弓藏，兔死狗烹。 The trusted aides are killed once they have outlived their usefulness.

You can't teach an old dog new tricks.　老人难以适应新事物。

下面这组英汉习语的寓意看起来非常相似，但实际上并不是这样。

汉语谚语：亡羊补牢，犹未为晚。（喻指出事后应该及时补救，从而避免重蹈覆辙，有激励意味）

英语俗语：Lock the stable door after the horse is stolen. 这是说马已被盗，再关厩门为时已晚，喻指贼走后再关门已于事无补。大有“早知如此，何必当初”之义，有讽刺意味。

二、成语

成语是人们长期以来习用的、简洁精辟的定型词组或短句。这些组成相对固定的表达法中，有不少采取了直白的方式，也就是直接通过字面表达语义；不过也有大量的成语表达的却是言外之意，即它们所表达的往往不是其表层结构的含义，而是另有寓意。其组成方式汉语是以四字词组构成的四字成语为主，其结构非常规整、紧凑；而英语则是结构比较自由、随意的各类短语，其中以动词短语为主。从语义上看，成语一般有相对独立的含义，不过大多数不完整。英语成语的语义几乎都不完整；而汉语成语除了一小部分是语义完整的、即相当于单句以外，大部分成语的语义也是不完整的。

（一）汉语成语的构成特点

汉语成语主要由四字词组构成，具有形式工整、音律和谐、寓意丰富、极富文采的特点。根据其构成特点可将其分成以下几类：

1. 直述而没有隐喻意义的成语

直述而没有隐喻意义的成语指的是从字面即可望文生义的成语，主要包括两种。第一种是结构上相对松散的，也就是其内字词之间无对称、对仗关系的成语，如应运而生（述补关系）、声泪俱下（主谓关系）、时不我待（动宾关系）、海外奇谈（偏正关系）等。第二种是结构上对仗工整的，包括前后同义的（联合结构）有穷凶极恶、才疏学浅、颠三倒四、唯唯诺诺等；前后递进的（偏正结构）有有恃无恐、开怀畅饮、药到病除、探囊取物等；前后对应的（动宾结构）有文治武功、温故知新、承上启下等；前后相反的（主谓结构）有小怯大勇、弃暗投明、深入浅出、隐恶扬善等。

2. 暗指而有隐喻意义的成语

这一种指的是隐含比喻意义的成语：坎井之蛙、老骥伏枥、池鱼笼鸟、米珠薪桂、狐假虎威、飞蝇垂蛛、与虎谋皮等。

还有很多“非四字成语”。其中，除了少数例外，在语义上基本不完整，不过又比词组丰富一些；从字数上看，从三字开始，最多通常可达十字；从结构上看不是词组，又不像是句子。暂且叫它们“短语”。例如：

三字短语有忘年交、耳边风、破落户、敲门砖、敲竹杠、莫须有等；五字短语有一言以蔽之、功到自然成、温良恭俭让、无敌于天下、唯马首是瞻等；六字短语有迅雷不及掩耳、无所不用其极、不可同日而语、可望而不可即、百思不得其解等；七字短语有心有余而力不足、有过之而无不及、牵一发而动全身、放之四海而皆准、有百害而无一利等；八字短语有知其不可为而为之等；九字短语有不以规矩不能成方圆等；十字短语有知其然而不知其所以然等。

此外，还有的成语也不止四个字，不过基本是由两个部分构成，并且前后多成并列、递进、对应、对仗关系，虽然大多与骈体相似，但是并不都是骈句，暂且将其叫作“对句”。根据其构成特点进行分类，有几种类型，具体例子如下。

（1）三言对句

一而再，再而三。千人唱，万人和。（递进）

此一时，彼一时。同甘苦，共患难。（并列）

亲者痛，仇者快。胜不骄，败不馁。（对仗）

尽人事，听天命。求大同，存小异。（对应）

（2）四言对句

无源之水，无本之木。四体不勤，五谷不分。（并列）

百尺竿头，更进一步。欲加之罪，何患无辞。（递进）

言者无罪，闻者足戒。鞠躬尽瘁，死而后已。（对应）

生于忧患，死于安乐。取其精华，去其糟粕。（对仗）

（3）五言对句

以小人之心，度君子之腹。爱之欲其生，恶之欲其死。

（4）六言对句

鸡犬之声相闻，老死不相往来。

（5）七言对句

毋以恶小而为之，勿以善小而不为。

（6）不规则对句

民不畏死，奈何以死惧之。

（二）英语成语的构成特点

英语成语由各类短语组成，其中最常见的是动词短语；它们构成灵活、形式多样、长短不一：短的只有两个词，长的可达八九个词甚至更多。典型的成语通常不易从其词面揣测其隐喻意义。例如：

动词短语：made off（离开、逃走），aid and abet（伙同作案、同谋），throw good money after bad(继续花钱打水漂),let the cat out of the bag(泄露天机、泄露秘密)；

名词短语：the still small voice（良心的呼唤），the law of the jungle（弱肉强食）；

介词短语：out of place（不得体），in no way（决不）；not for love nor for money（决不、无论怎样也不）；

形容词短语：free and easy(悠闲、自由自在),fair and square(光明正大)；

副词短语：not anywhere near（远非、绝不），first and foremost（首要的是）；

比较结构：as long as your arm（很长），no more than（只有、至多）。

（三）英汉成语语义表达和文化内涵的差异

汉语与英语成语在修辞手法、语义特征和文化内涵上同样存在巨大的差异。从修辞学的角度来看，汉语成语和英语成语均包括两大类型：未采用修辞手法和采用修辞手法。通常而言，未采用修辞手段的成语基本是平铺直叙的，语义直白且清晰，而采用了修辞手法的成语则语义相对比较隐晦含蓄，蕴含比较丰富的文化内涵，所以在进行语言和文化对比的时候，通常后者是人们探讨的重点。在采用了修辞手法的成语中，其修辞手段以比喻为主，主要包括明喻和暗喻两种，也有一些运用借喻、提喻和比拟、拟人等其他修辞手法。在这里，从汉语成语出发，就成语的语义特征与文化内涵，与其对应的英语成语进行对比。其中，相同或相似的喻指却采用不同的喻体、相同或相似的喻体却表达不同的喻指和修辞缺位现象恰恰是汉英成语文化内涵差异性的直接体现。需要特殊注意的是，有的英语表达法可能并不是纯正的成语，有的还可能是俗语等其他类习语。而且，汉语和英语在表达同一个喻指即寓意时并非一定都采用同一种修辞手段或表达方式：有时汉语采用明喻，与其对应的英语却用的暗喻或直述等。

1. 喻体和喻指相同或相似的

安如磐石 as steady as a rock

随波逐流 go with the tide

命悬一线 hang by a hair (thread)

以眼还眼，以牙还牙 an eye for an eye, a tooth for a tooth

2. 喻体仅有部分相同而喻指相同或相似的

如胶似漆 stick to a person like glue

热锅上蚂蚁 (have) ants in the pants

3. 喻体不同、喻指相同或相似的

健壮如牛 as strong as a horse

如坐针毡（热锅上的蚂蚁） like a cat on hot bricks

一贫如洗 as poor as a church mouse

热情似火 as keen as mustard

画蛇添足 gild the lily

4. 喻体相同或相似、喻指不同的

光阴似箭（喻指快速） as straight as an arrow（喻指“直”）

胆小如鼠（喻指“胆小”） as quiet as a mouse（喻指“肃静”）

由前述可看出，汉英两种语言的成语中有许多喻体和喻指全部或部分相同、相似的情况，这是因为不同的民族在类似的生存环境、生活条件或者人生境遇中产生了相似的认知、获取了同类的见识，所以有了类似的思维推理和语言表达。

三、俗语

俗语是通俗并广泛流行的定型的语句，简练而形象化，大多数是劳动人民创造出来的，反映人民的生活经验和愿望。从概念上看，它与谚语很像，所以有人将它与谚语混为一谈。实际上，既然有谚语和俗语这两个概念，就表示它们之间有差异。具体说来有三种差异，具体如下。

一是寓意深浅程度不同。相比于具有比较深邃的寓意的谚语来说，俗语的寓意相对较浅薄，有些甚至没有任何寓意。例如，“眉头一皱，计上心来”仅是描写人在特定时刻的表情和心理活动。人们运用这类寓意不深的俗语仅仅是为了使自己的表述更加流畅、生动，并没有想表达什么深刻寓意。

二是语体不同。谚语虽多为口语体，但其略显正式，用词比较文雅；俗语则是纯口语体，用词更加通俗。

三是结构不同。相比于句式、语义完整的谚语，俗语的结构更松散、随意，可以是语义不完整的词组、短语，也可以是语义完整的单句、对句；字数少时可少至三字，如“破天荒”，字数多时则多于谚语，可多至二十字，个别的甚至更多。

总的来说，俗语具有语义表达的浅俗性、审美功能的消遣性和形象思维的生动性。在这几方面，谚语介于格言和俗语之间。当谚语的寓意及特征介于和俗语之间的临界点时，通常很难分辨其是谚语还是俗语，因为两者间临界交接之处，其实分界线并不清晰。例如“驴唇不对马嘴”“父母在，不远游”等习语，其结构规整，有一定的寓意，也可以将其划入谚语；但是其哲理不深，是具体描述人们的实际境遇、特定行为或者事物外在的非本质特征、非必然属性，通俗性很强，所以将它们归入俗语的范畴更佳。另外，英语中的俗语则更松散，基本是非正式的、口语化的固定用法，往往没有特殊的寓意，用词和结构也不那么讲究工整和富有韵律感。

（一）汉语俗语

1. 成语中的俗语

有很多汉语成语本身即为俗语，如三字成语基本上都是由俗语演变而来。汉语俗语基本上都是由三至八字的短语或者三言至七言的对句构成。例如：

三字短语：自作孽、苦肉计、迷魂汤、东道主等；四字短语：狗拿耗子、清水衙门等；五字短语：一鼻孔出气、病急乱投医、快刀斩乱麻等；六字短语：不分青红皂白、不食人间烟火、牛头不对马嘴等；七字短语：不看僧面看佛面、不到黄河心不死、偷鸡不成蚀把米、语不惊人死不休等；八字短语：无面目见江东父老等；九字短语：搬起石头砸自己的脚等。

三言对句：一传十，十传百；神不知，鬼不觉；经风雨，见世面；前怕狼，后怕虎。四言对句：一夫当关，万夫莫开；来者不善，善者不来；万事俱备，只欠东风；只可意会，不可言传。五言对句：野火烧不尽，春风吹又生。六言对句：忠臣不事二君，烈女不更二夫。七言对句：欺人之心不可有，防人之心不可无。

不规则句：将在外，君命有所不受；上无片瓦，下无立锥之地。

2. 其他俗语

基本由短语、单句、对句或复句构成，例如，短语或单句：问客杀鸡；杀鸡给猴看；不打不相识；落子无悔大丈夫；一朵鲜花插在牛粪上；船上人向岸上人讨水吃；大丈夫难保妻不贤子不孝；没有比不想听别人说话的人更聋的。

对句：父母在，不远游；饿死事小，失节事大；渡船渡到岸，帮人帮到底；

劳动是幸福的右手，节约是幸福的左手；爹娘盘算的是金和银，女儿盘算的是人和心；博得人家信任全凭真诚，改正自己错误全凭忠诚。

复句：洞房花烛夜，金榜题名时；一个和尚挑水吃，两个和尚抬水吃，三个和尚没水吃。

不规则句：满堂儿孙，不如半道夫妻；懒沐浴，勤洗足，年纪活到九十六。

（二）英语俗语

英语的俗语指非正式的、口语体的固定说法，多为词组或短语，也有完整的句子。例如：

all my eye（瞎说、胡说八道、岂有此理）

Desperate diseases require desperate remedies.（绝症需猛药）

（三）英汉俗语语义表达和文化内涵的差异

与汉语俗语对应的英语习语并不都是俗语，实际上有不少应该划入成语、谚语的范畴。此外，有的汉语俗语实际上就是直接从英语习语借用、吸纳而来的。在此，我们拟从汉语俗语出发，就其喻体和喻指来对比与之相对应的英语俗语，思考其间在语义表达和文化内涵方面的差异。

1. 喻体和喻指（或字面和寓意）相同或相似的英汉俗语

血肉之躯　flesh and blood（成语）

连锁反应　chain reaction（俗语）

吠犬不咬人。　Barking dogs do not bite.（俗语）

2. 喻体不同、喻指相同或相似的英汉俗语

捋虎须　beard the lion in his den（成语）

小菜一碟　a piece of cake（俗语）

骨瘦如柴　as lean as a rake（成语）

费九牛二虎之力　pull out all the stops（俗语）

3. 喻体相同或相似、喻指不同的英汉俗语

眼光像夜猫子一样敏锐　as blind as an owl（喻指“眼神极差”）

4. 喻体和喻指均不相对应（修辞缺位）的英汉俗语

汉语：菩萨面，蝎子心。(There is genial face outside but cruel heart inside.)

英语：There is always room on the top.（越是出类拔萃机会就越多。）

第三节　英汉典故在两种语言中的异同

典故是指诗文里引用的古书中的故事或词句。英语中与其对应的英语单词是“allusion”，英语对它的解释是“something that is said or written that mentions another person or subject in an indirect way”。由此可见，英语与汉语对其概念的解释的侧重点不同。

一、汉语典故

汉语典故在结构上常见的是四字成语或四字词组，这种四字成语或四字词组反映出汉语声调特有的节奏感及音乐美，能够提高记忆的效率，使其易于传播。由此，这类四字成语作为被用于记述历史故事和历史人物的一种语言形式，发挥了其传承历史文化的功能。除此之外，还有一些少于或多于四字的词组或短语乃至单句，另有一些则采取对偶短句的形式。大部分典故已经演变成成语。

因汉语典故内涵丰富且言辞简练，所以在进行英译时难度较大，通常采取意译的方式，即直接译出其寓意而舍弃其字面形象；有的则采取直译加释义或直译加注的方式。汉语典故从其来源上看，可主要分为如下几类。

（一）历史史实

例如，图穷匕见（the real intention is revealed in the end）的由来。据《战国策·燕策》记载，战国末期，燕国的太子丹担心强盛的秦国攻打侵占燕国，决定派勇士荆轲到秦国去刺杀秦王。为了取得秦王的信任，燕太子丹让荆轲带去秦王急于得到的秦国叛将樊於期的人头和燕国的地图这两样东西作见面礼。其中，地图里裹着行刺秦王的泡过毒液的匕首。给秦王看地图时，随着地图徐徐展开，匕首现了出来，荆轲抓起匕首向秦王刺去。令他遗憾的是，他没有刺中秦王而以失败和丧命告终。这个典故比喻事情发展到最后真相一定会暴露无遗，最终一定会真相大白。

（二）古典文献

有的成语典故并不是出于历史史实，而是从古典文献（包括史学、哲学、文学的经典书籍、作品）中的经典名句、名言里抽取、提炼、演化出来的，是人们为使用方便所做的精炼概括。例如，鞭长莫及（beyond the reach of one’s power or authority)，出自《左传·宣公十五年》，“古人有言曰：虽鞭之长不及马腹。”比喻力量还达不到。

（三）神话传说

有的典故源自神话故事、民间传说等。例如，八仙过海源自神话故事。例如，八仙过海各显神通（the Eight Immortals cross the ocean each displays their own talent or skill to see who is the best）：道教传说中的八仙是汉钟离、张果老、吕洞宾、铁拐李、韩湘子、曹国舅、蓝采和、何仙姑。相传八仙过海时不用舟船，各有一套法术，于是各使手段、各显神通。后来喻指各自有一套办法，或各显其能、互相竞赛。

（四）寓言故事

有的典故取自寓言故事。例如，刻舟求剑（nick the boat to seek the sword—do something in disregard of changed circumstances）：据《吕氏春秋·察今》记载，楚国有个人过江时不慎把剑掉落水中，于是他在船舷上剑落的地方刻上记号，等船停下，从刻记号的地方下水寻找，结果自然是无法找到。此典故喻指拘泥成例，不知随情况的变化而改变看法、调整对策。

二、英语典故

英语典故与汉语典故有很大的区别：在构造形式上，英语典故更自如随意，不太讲究音韵字形之美，除了短语、句子以外，英语的典故往往是单个的词，而在汉语中却没有单字的典故；就其来源年代来说，汉语多源自古代经典或者史实，近代的很少，当代的几乎没有，而英语典故则更富有活力，除了古代的经典以外，取自近代甚至当代经典与史实的典故也占了很大的比例。很多英语典故也像汉语典故一样演变成各类习语。此外，其来源的领域与汉语典故也非常相似，基本源自以下几个主要方面。

（一）历史事件（包括当代史实）

cross the Rubicon（渡过卢比孔河）：公元前 49 年，罗马执政庞贝（Pambet）和元老院共谋进攻凯撒（Caesar）。当时凯撒的领地和意大利本部交界处有条小河，即卢比孔河。凯撒不顾一切，悍然率领军队渡过此河并将渡河船只统统烧毁以绝后路，激发将士与庞贝决战。此典故喻指为生存、发展或取得胜利而决定冒重大危险、采取毅然决然的行动。

（二）宗教经典

西方人最尊崇的宗教经典当属《圣经》，它也成为习语和典故的重要来源。《圣经》是英语的两大源流之一的原因就是英语中的大量习语、典故来自《圣经》，来自其中的基督教教义、传说、故事等。例如，Noah's ark（诺亚方舟）：诺亚是基督教《圣经》的神话中虚构的洪水灭世后人类的新始祖。据《圣经》中的《创世纪》记载，上帝见远古人类堕落败坏而决定降洪水以灭世，于是命令诺亚造了一个方舟，他的全家和一切动物也各留一对进入方舟内而得以生存下来。喻指避难所。

（三）莎士比亚戏剧

因莎士比亚戏剧是英语的另一大源流，故英语中的许多习语、典故也直接取自莎士比亚的戏剧。例如，“it is all Greek to me”（他讲的是希腊话），语出莎士比亚剧本《裘力斯·凯撒》，喻指“一点不理解、一窍不通”。

（四）古代经典

英语中的很多典故来自古代的经典作品，尤其是古希腊和古罗马神话，还包括各种民间传说、寓言故事和著名文学戏剧大师的经典作品。例如，a dog in the manger（狗占马槽或占着茅坑不拉屎的人），出自《伊索寓言》，说的是一条狗躺在堆满稻草的马槽里，狗是不吃草的动物，而当马或牛一走近稻草时，这条狗却朝着马、牛狂吠，不准食草动物享用。其寓意是讽刺那些占据职位或占有物质条件却不做事的人。

（五）当代经典

英语典故还有一些源自现代、当代的各类经典，包括文学、影视等。例如，Catch.22（第二十二条军规）源自美国小说家约瑟夫·海勒的一本著名的同名小说，号称“黑色幽默”小说，描写第二次世界大战期间一个名叫约萨里安的上尉军官在其轰炸机中队指挥官发狂胡来的情况下如何想方设法争取活着回家。所谓“第二十二条军规”规定的是，一个士兵只有在精神上不适宜参加战斗的情况下方可提出解除战斗任务的要求；而任何害怕打仗、企图逃避战斗的士兵在精神上显然十分健全，所以必须参加战斗。虽然这个规定其实不存在，却束缚着士兵们。此典故喻指一切不合情理、自相矛盾、扭曲人性、使人遭受双重束缚而进退两难的规章制度。

三、英语与汉语中相似或共通的典故

英语和汉语中还有一些其喻体、喻指彼此都相似甚至完全相同的典故。其中有一些纯属巧合；而另外一些则原本就是一个典故，是共同引入或彼此相互吸纳使然。

（一）巧合的典故

破釜沉舟（burn one's boats）：汉语的这则典故恰好与英语的一则情节相似、史实迥异的典故巧合，两者的寓意完全一样：采取不留后路的行动，表示勇往直前、志在必得的坚定信念与决心。

汉语指的是，战国时期，项羽率兵与秦国军队打仗，过河后命令部下凿沉渡船，砸破饭锅，携带三日的干粮，以示为胜利必死的决心，背水一战、志在必得。

英语指的是，公元前 49 年，罗马执政庞贝与元老院共谋进攻凯撒。当时凯撒的领地与意大利交界处有一条名为鲁比肯河的小河。凯撒率军渡过河去准备与敌军决一死战。为断绝本军后路、逼士卒奋勇向前，凯撒将渡河用过的船只统统烧毁。于是，士兵只能勇往直前，最后战胜了敌人。

（二）共同吸收或相互吸纳的典故

火中取栗（pull chestnuts out of the fire）：此汉语典故和英语典故实际上都直接取自法国《拉·封丹寓言》：一只猴子和一只猫看见炉火中烤着栗子，猴子叫猫去偷，猫用爪子从火中取出几个栗子，为此把自己脚上的毛烧掉了，而栗子却都被猴子吃掉了。喻指冒险为别人出力，自己却上了大当、一无所得。

第四节 英汉文化差异对翻译的影响与制约

文化同语言之间的关系不可分割，文化、语言同翻译之间的关系非常密切。要充分了解一个民族的文化必须深谙该民族所使用的语言；只有充分掌握了一个民族的语言，才能很好地了解该民族的文化。要成功地进行翻译，就必须掌握所翻译的语言及语言所负载的文化；要将某一民族的语言及文化传播和扩散到其他国家和地区，最有效的途径就是借助翻译。因此，文化、语言同翻译三者之间处于一种相辅相成、相互依存和相互影响的关系。由于语言与文化密不可分，二者的密切关系决定了翻译离不开文化。

中华民族历史文化悠久博大精深，英语文化也同样是浩如烟海绚丽多姿。翻译之所以不易，是因为语言一方面承载着文化信息，另一方面又受制于所承载的文化，因此，仅仅掌握两种语言是不能成为真正的翻译者的，正如王佐良先生所言，翻译者必须是一个真正意义上的文化人。事实上，翻译，就其性质而言是一种跨文化交际。作为文化载体的语言，反映了各民族生存的地理环境、历史、习俗和观念。其中有相同的部分，也有不同的部分。中西文化差异对翻译的制约和影响主要有以下几个方面。

一、地理环境差异对翻译的影响与制约

文化的产生与人们的劳动和生活密切相关，客观生存的地理环境不同必然引起文化上的个性和差异。我们都知道英国是一个岛国，东面是欧洲大陆，西临大西洋，故英国的天气变化无常，通常是阴雨连绵，人们对天气必然会产生特殊的感情，因而英国人见面无论相识与否都喜欢谈论天气。所以“A lovely day, isn't it？”之类的话，就成了见面最普遍的打招呼用语。另外英国是一个典型的海洋国家，因而与海洋有关的成语和谚语就特别多，而且历史上航海业曾一度领先世界；而中国大部分地区是内陆，文化起源的中原地区更是与海洋无关，汉民族在亚洲大陆生活繁衍，人们的生活离不开土地，所以对土地有种特殊的亲切感。例如，比喻花钱浪费，大手大脚，英语是 spend money like water，而汉语是“挥金如土”。英语中有许多关于船和水的习语，在汉语中没有完全相同的对应习语，如 drink like a fish（豪饮）、as close as an oyster（守口如瓶）、all at sea（不知所措）等。

二、生活习惯和习俗差异对翻译的影响与制约

在生活习惯和习俗方面，西方人和中国人也存在很大差异。在英语中，有一个习语是“a green hand”，如果从字面意思理解来看，翻译成“绿色的手”就很难让人明白。事实上，这个短语是形容某人不专业、不熟悉的时候会用该词来表示，所以正确的翻译应该是“生手”。汉语中我们说嫉妒别人的成就或者妒忌是“得了红眼病”，而相似的表达在英语中却是“green eyed”。西方人听到别人赞扬、夸奖自己时，十分高兴，会立刻说“thank you”，而中国人虽然心里很。高兴，但嘴上则表示谦虚，经常回答“哪里，哪里”。

英汉习俗差异表现在很多方面，最典型的莫过于在对待同样的事物的思维差异方面。例如，对狗这种动物的态度上。狗在汉语中是一种卑微甚至是卑鄙、可恶的动物。汉语中与狗有关的习语大都含有贬义："狐朋狗友""狗急跳墙""狼心狗肺""狗嘴里吐不出象牙"等。尽管近些年来随着西方思想的影响，养宠物狗的人数大大增加，狗的"地位"似乎有所改变，但狗的贬义形象却深深地留在人们的心里。而在西方英语国家，狗被当作宠物，被当作忠诚的伴侣，而且没有人吃狗肉。甚至把狗当作家庭中的一员。英语中有关狗的习语除了一部分因受其他语言的影响而含有贬义外，大部分都没有贬义。在英语习语中，常以狗的形象来比喻人的行为。例如，you are a lucky dog（你是一个幸运儿）；every dog has his day（凡人皆有得意日）；love me，love my dog（爱屋及乌）；a good dog deserves a good bone（好狗应该啃好骨头，有功者受赏）等。与此相反，中国人十分喜爱猫，把猫看作宠物，用"小馋猫"比喻人贪嘴，常有亲昵的成分，而在西方文化中，"猫"被用来比喻"包藏祸心的女人"是贬义。

三、宗教文化差异对翻译的影响与制约

语言的产生必然与宗教有着密切的联系，在语言漫长的发展过程之中总是受其影响，渲染着浓厚的宗教色彩，宗教已经将其影子投射到了语言文化的各个领域。西方人大多信奉基督教，认为世界是上帝主宰的，世界上的一切都按上帝的旨意安排，而在中国人的心目中传统的思想是老天爷统治世界，如盘古开天辟地。所以"God"和"老天爷"的内涵并不一致。与宗教信仰有关的词语也大量地出现在英汉语言中。佛教传入中国已有一千多年的历史，人们相信有"佛主"在左右着人世间的一切，与此有关的习语很多，如"借花献佛""放下屠刀立地成佛"等。而在西方许多国家，特别是在英美，人们信奉基督教，相关的习语如god helps those who help themselves（上帝帮助自助的人），也有love is blind（如果两个人一见钟情就看不到相互的缺点）这样的爱情蜜语，与汉语中的"情人眼里出西施"颇为相似。

随着时代发展、科学进步、生活环境和社会环境的变迁，英汉两种语言也在不断地发展和丰富。文化与翻译的关系既是紧密的又是复杂的，其紧密在于翻译离不开文化，因为生活中处处有文化，时时有差异，其复杂在于文化既是可以译的，又是不可译的。所以由于中西方文化上的差异造成了两种语言表达上的不对等。翻译实质上是两种文化之间的交流，所以掌握中英两种文化有时甚至比掌握

语言本身更为重要，因为语言只有在文化背景中才有意义。所以翻译是一项艰巨的工作，没有对两种文化的深刻了解，是做不好翻译的。

第五节　英汉两种思维方式的异同

一、英汉哲学思维方式对比

思维是人们在多次感知的基础上对客观世界进行概括、认识和反映的过程。在此过程中，人的思维通过深入加工进入自己大脑的各类信息，来反映事物本质和解决问题。人的思维习惯或思维程序，就是思维方式。不同的人有不同的思维方式，尤其是具有不同文化背景的人之间，存在的思维方式的差异就更加明显了。影响一种文化的思维方式的原因很多，如生理基础，首先是人脑结构的制约和影响，但思维方式作为社会文化的产物，在更大程度上受到生产方式、历史传统、语言文字、哲学思想等诸方面的综合影响。从一定意义上讲，思维方式是在方法论的角度对一个民族文化及其他实践活动的一种抽象，而哲学包含了较多的方法论内容，因此，思维方式与哲学联系紧密。一种文化背景下的哲学，往往是此种文化群体的思维方式的体现。

（一）重直觉与尚逻辑

中国传统文化中的“天人合一”精神，不将世界看成独立于人之外的纯粹客体，不重视对客体一般本质的抽象及对普遍真理的认识，而讲究结合理智、情感、意志等多种心理机制来对世界、对生活、对人生进行体验。这种体验中虽然也包含有认知的因素，但更多采用的是一种非逻辑思维，无须遵循概念、判断、推理的一般程序和思维规律，也属于一种直觉思维。

直觉思维在道家最为突出。老子提倡的“涤除玄鉴”，便是要通过闭目塞听以清除心灵上的灰尘外物，保持内心的最大虚空与静寂，从而凭借内心来准确地把握世界万物，从而达到天人合一的境界。庄子则用许多寓言来表明，一旦主体处于“凝神”“若志”的心理状态，就能够直观对象本体，与对象神遇，实现“目击而道存”；反之，穷思竭虑至多能获得一些“小知”。融儒道佛为一家的禅宗更是奉“顿悟”这一人性与道体忽然契合的思维方式为无上菩提的方法。禅宗是中国佛教的实践派，他们很少有系统的教义和理论体系，而是通过摘取收集语录与讲公案来开启人心，从而揭示出“禅”的真理，且以“顿悟”为精髓。“顿悟”的思维方式，是一种否定中间环节的直接性领悟，一种否定了循序渐进的、突发的跳跃性感受，一种无须理性概念的直觉性观照，它让佛家与儒家、道家在思维方式上达成了一致。

“主客二分”是西方哲学主要遵循的模式，相应地就需要主体运用概念、判断、推理、分析的逻辑思维，借助理性，从感性、现象、个别的材料中抽取本质、一般的东西，从而越过客体之现象，抵达现象背后的本质、本体，也就是普遍真理。西方人的逻辑思维比较发达，甚至不妨说整个西方文化都为强大的逻辑理性所规范。

早在柏拉图时代，人类的科学观尚停留于搜集材料阶段，理论思维自身还不成熟，人们还不敢脱离感性和经验进行纯理性的思维，柏拉图便告诉人们：他们所感知到的世界虽然也算是真实，但极其容易被自己的感觉器官所欺骗，亲眼所见与亲耳所闻的事物未必就可信，只有理论推导出的东西才最真实。他还认为，概念（也即理念空间中的理念）之间的辩证发展，使得概念以逻辑的方式构造出了一个有关世界的理论体系。这一观点超越了苏格拉底简单归纳推理的单纯经验，使思维彻底脱离了经验的束缚而上升至概念思维、抽象演绎的高度。

之后，亚里士多德创立了形式逻辑的三段论，使人类的思维发生了质的变化，真正进入了抽象的理念空间之中。实际上，西方哲学正是通过逻辑方法去证明经验事实之外的思维与存在、物质与精神、道德与理性、艺术与美等的可靠性与合理性。

（二）重模糊与尚精确

中国哲学因受到直觉思维方式的影响，在把握客观世界时表现出瞬息而现、灵活多样的特点，注重定性而非定量分析，运用的是模糊思维。所谓“道可道，非常道；名可名，非常名”①，便点明了“道”这一道家哲学体系的核心作为一种神秘的精神实体，是不可命名、不可言说的东西。而今天我们之所以对儒家倡导的“仁”究竟是什么说法不一，就因为“仁”字在孔子那里有时不仅指某一种特殊德性，还指一切德性的总和，并无一个确定的定义。甚至宇宙之根本，在孔子那里也是模糊的。当儒、道等各家的思想融合为天、道、气、理共生的整体宇宙时，中国哲学乃至于中国文化的模糊性便坚如磐石了。

---

① 老子．道德经 [M]. 长春：吉林文史出版社，2001.

与中国的这种模糊思维方式相比，西方人自古以来就重视数学和逻辑。西方人的概念和范畴有清晰的界定，也就是，只用一个判断来规定一个概念，并且它有非常明确的内涵与外延，通常用严格的定义引入。西方人崇尚科学和理性，注重思维活动的严格性、明晰性和确定性，注重思维程式的数学化、形式化、公式化、符号化和语言的逻辑性，思维方式也必然带有精确性。

自希腊哲学诞生伊始，从泰勒斯（Thales）认为宇宙万物的本体为“水”，到赫拉克利特（Heraclitus）认为宇宙的本体为“火”，再到毕达哥拉斯（Pythagoras）认为宇宙万物的本体为“数”，最终德谟克利特（Democritus）通过找到“原子”达到了物质之明晰，通过提出“理式”达到了精神的明晰。19世纪，以黑格尔（Hegel）辩证逻辑为首的西方哲学体系犹如一座巍峨的理性思想楼宇，这一历史过程所展示的便是西方人执着于以精确、严密、缜密的思维来总结认识过程和认识规律，从而认识自身、认识世界，进而追求真理、发展自己。

（三）重整体与尚个体

中国传统文化中的“天人合一”思想精神，既不把世界看作独立于人之外的纯粹客体，也不抛弃对象的感性及个体存在，同时也不停留或执着于感性存在，它是理智、情感、意志等多种心理机制合为一体对人生、对世界进行的体验，是一种整体性而非分解式的把握，与对象由外至内融为一体。这种思维观念对中国哲学乃至中国文化的影响深远，“天下主义”就是它的直接延伸。天下主义，即破除宗教、国别之间的界限，面向普天下发表思想文化原理，以建立广泛适宜的世界和平秩序，同时尽力提升全人类的文明教养。此“整体”不可谓不宏大。天下主义对后世思想观念文化起到了构造性的影响，自汉代起，它开始成为中国文化的主流，与民本意识、忧患意识、世界大同、天下为公的观念等一道成为历朝历代的主流意识。

西方“主客二分”的框架决定了西方人眼中的主体和客体相对立，需要明确区分主体和客体、人和自然、精神和物质、现象和本质，也即运用排除了情感、意志等心理机制的纯然的理性来认识它们的一般本质、普遍真理，与“天下主义”相对的“个人主义”，正是这种个体观念的必然产物。“个人主义”就是从主体出发，以“个人”为中心来看待周围世界、社会和人际关系，它是西方文化精神的一个鲜明特征。古希腊的苏格拉底（Socrates）首次提出“照顾自己的心灵”“认识自己”，标志着人类自我意识的觉醒。近代文艺复兴时期，人文主义者重新发现并肯定了“人”，提出个性、自由和平等的要求。到了现代，尼采（Nietzsche）的酒神精神、超人、权力意志等概念均表达了个人本能的解放的思想。在西方的观念里，社会的充分发展是建立在个人的充分发展的基础之上的。

二、英汉语言思维方式对比

语言是人类思维的工具和表达方式，人类语言表达方式的不同也反映了不同民族思维方式的不同。由于人类起源受到许多因素的影响，如地理因素、气候因素、宗教因素、历史文化因素等，不同国家或地域的人们就形成了不同的思维方式。他们观察事物的角度不同，形成了不同的价值观和人生观，在此基础上，就形成了各自独特的文化体系。这些不同的思维方式和文化体系主要体现在语言文字上，体现在人们的日常语言表达和书面表达之中。

两种语言受到不同的思维方式和文化价值观的影响，在词汇、语法、语篇等诸多方面有很多的不同。古代中国是个大陆民族，属于典型的农业社会，而农业社会需要社会各个个体一起来协作劳动。中央集权是古代中国政治制度的一个重要特点。人们在这样的社会中生活，形成了很强的集体意识。而英国是个岛国，也是一个典型的海洋大国。在社会的发展中，英国人开拓海外贸易，进行商品的交易，逐渐形成了很强的个体意识。

这些文化差异也可以从饮食习惯的差异中体现出来。中国人用餐的工具主要是筷子，食物以素食为主，大家围在一起吃饭，吃饭时互相谦让；而英国人就餐的工具主要是刀叉，食物以肉类为主，进餐时各人吃各人的，一般不互相礼让。这样的生活方式和文化的差异就会体现在语言方面，形成不同的语言风格和表达习惯。

中国传统社会特别强调天的重要性，天就是所有，是大自然的一切。中国古代哲学家老子就提出“人法地，地法天，天法道，道法自然”[①]。人类要和天、地同为一体，生活中的一切都要遵循自然的规律，最终做到天人感应。同时，中国传统的有机整体的思维方式使我们更加看重对周围事物整体性的把握。中华民族的主体思维方式是从主体的需要和使用目的出发，强调其中的社会伦理道德和集体的审美标准，把主体融入客体，又把客体介入主体，所以在事情的叙述上多体现出很强的主体参与意识，在语言的表达上多以人为主语，强调人的主动性和人定胜天的意识，多使用主动语态。

① 老子．道德经[M]．长春：吉林文史出版社，2001.

英国是个岛国，自然资源相对不足，英国人在历史的长河中，把大自然作为探索的对象，体现出对自然资源的征服和探索，特别是对海外世界的探索和征服，因此在他们的思维世界里，人类和客观自然世界是征服和被征服的关系，自然和人类是分立的。他们的哲学观对客观自然持有一种敬重的态度。在思维方式上，他们会摆脱自己的主体意识，尊重外界客观世界，由事实来决定他们的价值判断，这种逻辑思维能力体现在语言表达上，体现在主客体的泾渭分明上。由于英国人习惯把客观事物作为研究征服的对象，在语言中他们习惯使用大量的被动语态。

第四章 英汉人文文化对比与翻译

人文文化翻译是英汉翻译中的一项重要内容，本章内容为英汉人文文化对比与翻译，具体包括英汉饮食文化、英汉服饰文化、英汉节日文化、英汉婚姻文化和英汉建筑文化的对比与翻译。

第一节 英汉饮食文化对比与翻译

饮食是人类的基本需求之一，同时也是各民族文化的重要组成部分。中西方饮食在历史发展过程中形成了各具特色的饮食文化，并极大地影响着人们的生活。

一、英汉饮食文化对比

饮食文化的形成是不同因素共同作用的结果，如地域条件、气候条件、日照条件等。中西方饮食文化有着重要的差异。下面分别从饮食观念、结构、方式三个方面展开说明。

（一）英汉饮食观念对比

饮食观念是饮食文化形成的直接因素，中西方有着不同的饮食观念，因此形成了独特的饮食文化。从总体上说，中国为美性的饮食观念。这种饮食观念主张追求“色、香、味、形、器”，对饮食的意境有一定的要求。

在这种饮食观念的影响下，中国人的饮食文化带有自身的内涵与魅力。对这种饮食文化具有深刻解读的就是中国菜肴中的“味”。进行中餐料理首先讲求的是食物五味的调和，也就是充分利用酸、甜、苦、辣、咸等调料突出食物本味，同时还要和调味料相互融合，达到一种“你中有我，我中有你”的奇妙境界，塑造菜肴丰富的味道。

追根溯源，这种饮食观念的形成是中国传统哲学影响的结果。中国哲学讲究的是模糊、直观、不可捉摸。因此，在菜肴上，中国人也使用这种观念进行制作，从而调和出一种美好的味道。中国菜肴讲求宏观上的配比，对菜肴的分寸也有一定的把握，这是中国辩证哲学思想的体现，同时也可以使菜肴变得更加丰富、富有变化。中国菜肴，在不同厨师的烹调下也产生出了不同的味道。甚至对于一道菜，不同厨师烹调也会出现不同的结果。这是中国古代哲学变化思想的体现，也反映出中国文化的博大精深。

西方人在饮食上讲究的是营养的摄取。他们认为饮食主要是为了吸收热量、维生素和蛋白质，因此整体上呈现出了理性的饮食观念。

西方这种饮食观念和中国的饮食观念截然不同。西方人注重食物中的营养元素，以及不同食物的营养会对身体产生何种影响。这就是说，西方人可以用理性思维控制自己的饮食摄入。

从根源上说，西方理性饮食观念同样反映了西方哲学。西方人受到宗教文化的影响，形成了理性的思维模式，主张要以人为本，因此对食物的安排也是一种理性饮食。

西方人认为“We eat to live, not live to eat.”。纵观西方餐厅，很多都供应着种类相似且味道相似的食物，这就是上述观念的重要体现。

饮食偏好也是饮食观念的重要体现。中西方在饮食偏好上也带有各自的特点。具体来说，主要表现在以下几个方面。

第一，中国人做菜时喜欢荤素搭配，同时在制作菜肴过程中辅以多种材料，在烹调上讲究五味调和。西方人在制作菜肴过程中主张保持原料本味。在食物中添加调味料也是现吃现加。这是中西饮食合与分的饮食偏好的表现。

第二，中国人做菜时注重菜肴的滋味，希望通过不同的烹饪技术来实现食物的美味。这种美味的实现有时候必然需要损失食物的营养成分，如热油炸和文火煮。西方人在烹饪过程中十分重视食物的营养，对食物营养成分的分析超过了对食物味道的研究，在烹饪过程中十分重视科学性与卫生性。

第三，中国人在做菜过程中对食物的加工带有随意性与不确定性，不同的菜系有着不同的特色与风味。即使是同一个菜系中的同一道菜，也会因配菜比例、调料种类、厨师特点的不同而有所差异。这反映出中国人做菜的随意性。西方人在做菜过程中强调食物的营养与搭配，因此烹饪的过程会严格按照食物配比的规范进行。这反映出西方人饮食的规范性。

（二）英汉饮食结构对比

中国自古以来就是农业大国。依托得天独厚的地理环境以及季风气候的影响，中国的小农经济呈现出发展与繁荣的景象。在饮食上，中国的饮食结构主要以五谷和蔬菜为主。

1. 主食类

中国的传统主食是五谷，即稻、黍、稷、麦、菽。除此以外，马铃薯、山药、芋头等薯类作物也可以充当主食。值得一提的是，南北方在主食上也是有区别的，南方以米饭为主食，而北方常以面条和馒头为主食。

2. 辅食类

从传统意义上说，中国人的辅食是蔬菜，外加少量肉食。据有关资料统计，中国人吃的蔬菜有600多种。荤菜是随着人们生活水平的提高才慢慢走上老百姓餐桌的。佛教视动物为“生灵”，视植物为“无灵”，中国受佛教影响较大，因而以素菜为主。

3. 肉食类

肉食主要源于与农业生产有密切关系的六畜，即马、牛、羊、狗、猪、鸡。据《孟子·梁惠王上》记载，“鸡豚狗彘之畜，无失其时，七十者可以食肉矣”[①]。可见，中国古代人是很少吃肉的。

中国人的饮食结构从总体上可以称作“菜食”，肉类是在经济和生活条件较高时，才进入我国大众餐桌上的。这种饮食结构对中国人的性格也有一定的影响。

由于佛教宣扬人应该清心寡欲，不能食肉，因此我国的饮食结构偏重于素食。因为动物是和人类一样平等的“生灵”，相对的植物是“无灵的”。因此在饮食上要素食。除了素食外，中国人的饮食还以熟食为主，这一现象主要和中国烹调技术发达有关。

中国人的身材较为矮小，肩窄腿短、色黄质弱，这种生理特点和中国人的饮食结构联系密切。受这种饮食的影响，很多人将中国人称为“植物性格的人”。受素食模式的影响，中国人的饮食中脂肪与蛋白质的含量较少，因此很可能造成营养不良，但是我国食品中大豆制品的比重较大，其含有优质的蛋白质和钙，能够为我国人们提供丰富的营养。同时由于其价格低廉，更成为很多人的选择。这种饮食方式在一定程度上降低了心脑血管疾病的发生风险，因此是一种健康的饮食习惯。

西方国家多为沿海国家，其土壤较为贫瘠、土质较薄，缺少植物生长所需要

① 孟子．孟子[M]．哈尔滨：北方文艺出版社，2019．

的淡水资源，这种自然条件不利于农业的发展，但是却利于牛羊等畜牧业的发展。同时西方民族多为游牧民族和航海民族，因此在饮食结构上多以肉类食品和奶制食品为主。

由于西方人较多生活在高纬度地区，其需要高热量和高脂肪的食物进行充饥。食肉的饮食习惯正好适应了这样的生活特点。同时受基督教等宗教的影响，西方人在饮食中不吃动物等的内脏，这是和中国人饮食另一个十分大的不同点。中国人饮食在烹饪和食材选择上都带有很大的随意性，因此经过不同的烹调方式，食材可以有多种搭配。

西方人在身形上较为魁梧，骨骼较大，具有个子高、四肢长、肩部宽阔、肌肉发达的特点。因此很多人称西方人为“动物性格的人”。西方人在介绍自己国家的饮食特点时，常常对自己国家发达的食品工业和快餐食品引以为豪。虽然这些罐头、快餐千篇一律，但快餐节省时间，且营养丰富。

（三）英汉饮食方式对比

中西方在饮食方式上也有着一定的差异。中国人在吃饭时习惯大家团团围坐，共享一席。因此，经常使用圆桌，形成一种礼貌、团结、共趣的气氛。在圆桌上吃饭，大家可以相互交流、相互敬酒、相互让菜，从而进行情感的联系。这种饮食方式是中国人大团圆心态的反映，同时也体现出了中国人以和为贵的思想。

和中国人的饮食方式不同，西方人的饮食主要是通过自助的形式展开的。人们将食物进行陈列，个人可以通过自己的口味进行食品的选择。同时在吃的时候也不用在固定的位置上，人们可以相互走动。这种形式更加便于人们之间的交流。西方人认为宴请的目的主要是交际，因此食物和饮品只是一种陪衬。

二、英汉饮食文化翻译

进行中西饮食文化翻译，首先需要了解一下饮食文化翻译中存在的问题，然后对饮食文化的重要组成部分进行翻译研究。

（一）饮食文化翻译中存在的问题

由于中西饮食文化的差异，因此对其进行翻译并不是一件易事。其中表达不一致是饮食文化翻译的重要问题。这一点是中西文化差异影响的直接结果。例如，在主食类食品的翻译上，由于中国有很多主食形式，在翻译成英语时就显得十分困难。同时由于表达差异，一种食物可能有多种表达形式。粥可以翻译为 soft rice，porridge，gruel；馒头可以翻译成 steamed bun，steamed bread；汤圆可以翻译为 ball，dumpling，pudding。

由于不同的英语单词所指代的食物不同，这种翻译可能衍生出不同的食物类型。译者需要准确理解食物的性质与特点，从而选择最合适的词语进行表达。

饮食文化是文化的重要组成，因此蕴含着重要的文化信息。在饮食文化翻译过程中，一些译者过分追求译语对等，拘泥于食物的表面含义，而忽视了菜品的内涵文化，从而使得菜品翻译过于僵化。例如：

四喜丸子　four glad meat balls

红烧狮子头　red burned lion head

木须肉　wood mustache meat

上述几种翻译都会造成语义不清的现象，影响读者对中国菜品文化表达的印象。

（二）饮食文化中重要组成的翻译

在饮食文化翻译中，主食、菜谱、烹饪等词都是重要的翻译部分，下面就对中西这几方面的饮食文化展开分析。

1. 主食的翻译

主食是展现中国传统饮食文化的重要组成部分，对其的翻译可以采用汉语拼音的方式，直接保留其原有的文化特点。例如：饺子可以翻译成 dumplings，也可以直接翻译为 jiaozi；包子可以翻译成 steamed stuffed bun，也可以翻译为 baozi；馒头可以翻译成 steamed bun，也可以翻译为 mantou。

一些音译的汉语主食，外国人如果直接看拼音难以理解其含义，此时可以采用拼音加注释的方式，进行信息的补充。例如：

油条　youtiao（fried dough stick）

窝头　wotou（steamed corn bun）

锅贴　guotie（fried dumplings）

由于中国主食的种类繁多，对主食的翻译也呈现出了一定的规律性。对于面条，由于其口感形状、地区特色、制作手法以及主料辅料等基本信息都有具体的描述，所以对面条的翻译多采用意译法，将基本信息表达出来，使读者清楚地明白各式面条的不同特点。在使用意译法翻译中国面条时一般分为以下几种情况。

第一，如果面条中不含有汤，则可以将其直译为 noodles；反之，则译为 noodle soup。例如，在翻译“米粉”时，如果按照字面意思翻译就会使读者误以为“米粉”是米的粉末。按照意译的方法，结合米粉的制作过程，将其翻译为 rice noodles，就很容易使读者明白“米粉”是一种类似于面条形状的米制品。

第二，如果面条的名称中体现出了辅料，在翻译时也要注意辅料的重要性，一般将其译为主料 +with+ 辅料的形式。例如：

炸酱面　noodles with soy bean paste

菜煨面　stewed noodles with vegetables

双丸汤面　noodle soup with fish and shrimp balls

香菇鸡丝面　noodle soup with shredded chicken and mushrooms

第三，如果面条的名称中含有烹饪方法，要将其译为动词的被动式十主料的形式。例如：

手擀面　hand-made noodles

拉面　hand-pulled noodle soup

炒面　stir-fried noodles

第四，如果面条的名称中突出某一地区的特色或某种调料，应将其译为主料 +in+place+style 和主料 +in/with+paste/sauce 的形式。例如：

蒜沾面　noodles with minced garlic sauce

担仔面　noodle soup with shrimp and bean sprouts in Taiwan style

担担面　noodles with minced pork in Sichuan style

云吞捞面　noodles with wonton in Guangdong style

对于一些其他食物名称的翻译，最主要的是抓住食物的突出特点进行翻译。例如：

奶团　milk balls

豆泥　mashed soy bean

豆豉　fermented soy beans

腐乳　fermented tofu

奶豆腐　dried milk tofu

油豆皮　oily skin of tofu

上述食物名称的翻译是从食物本身的特点出发进行翻译，如原料、制作方法、形状等。这种翻译形式能够使译入语国家的读者理解食物特点，从而便于对食物的掌握。英语中的主食较少，较为常见的有 bread，rice 等，都可以采用直译法进行。

2. 菜谱的翻译

由于中国菜肴重视其文化表达，因此在菜谱上也有明显的体现。英语菜名一般按照食物原料进行命名，因此在翻译时可以采用直译法。下面主要对中国菜品的翻译方法进行总结。

（1）直译法

对于一些较为简单中国菜品，外国人只要按照其基本直译就能了解其基本含义。例如：

蛋花　egg floss

板鸭　flat duck

脆皮鱼　crisp fish

白面包　white bread

萝卜球　turnip rolls

素鸡　vegetarians chicken

盐水兔　salted rabbit

甜酸肉　sweet and sour pork

小春卷　tiny spring rolls

上述菜品在翻译过程中，译者采用直线性思维模式，将菜品名称进行单个翻译，从而能够使译入语读者更加直观地了解事物内容，如脆皮鱼翻译为脆的(crisp) 鱼 (fish)。

（2）意译法

一些菜品从其名称上很难看出其真正含义，此时就可以采用意译法进行翻译。例如：

发财好市　black moss cooked with oysters

金华玉树鸡　sliced chicken and ham with greens

单从上例中的中文食物名称，译入语读者很难理解到底是什么食物。这种菜品的命名主要是为了表达其吉祥的内涵，是典型的中文话语特点。针对这种食物名称，译者采用意译法，将食材、酱料等翻译出来，从而更加便于译入语读者理解，如“发财好市”这道菜为发菜煮蚝豉，由于人们喜欢在新春佳节品尝这道菜，从而祈求“发财”“好运”的愿望。发菜可以谐音为“发财”，蚝豉可以谐音为“好市”。在英语中，并没有这种表达，因此译者采用意译法，将菜品的原料翻译了出来。

（3）拼音加注法

拼音加注法主要针对的是一些通过拼音无法直接看出菜肴的名称，此时可以在拼音的基础上增添一些英文释义。例如：

德州扒鸡　Dezhou stewed chicken

岭南酥鸭　crispy duck，Lingnan style

广式龙虾　lobster，Guangdong style

罗汉大虾　lohan giant prawns

潮州鱼丸　fish balls，Chaozhou style

京酱肉丝　shredded pork with Beijing sauce

四川鸡丝　Sichuan style shredded chicken

上述列举的拼音加注的方式主要是针对有地方色彩的菜品，译者在翻译出菜品的内容与形式之后，使用拼音加注的方式标明了菜品的地方来源，从而增强了译语读者对菜品的了解程度。

（4）倒译法

倒译法指的是在翻译时将英语的结构特点与汉语的词序进行颠倒的翻译方式。例如：

咖喱鸡　chicken curry

卷筒兔　rabbit rolls

白汁鱼唇　fish lips in white sauce

芙蓉海参　sea cucumbers with egg white

八宝酿鸭　duck stuffed with eight delicacies

上述列举的倒译法的菜名翻译能够使译语读者首先了解到菜品的制作材料，然后了解菜品的风味，便于对菜品的把握，也便于人们根据自己对食物的喜好挑选菜品。

（5）根据烹饪方法翻译

有些中国菜名可以根据菜肴的烹饪方法和原料进行翻译。例如：

焖牛肉　braised beef

熏猪排　smoked pork chops

烧乳猪　roast sucking pig

烩羊肉片　fried mutton slice

红烧鲤鱼　braised masked carp

铁烧牛肉　grilled beef steak

肉丝拌面　noodles with shredded pork

中式菜肴有着丰富的烹饪方式，在翻译菜名时对这些烹饪方式进行翻译能够加深译语读者对菜的理解，在一定程度上也便于中西方饮食文化的交流。

3. 烹饪动词的翻译

由于中国饮食花样繁多，不仅要重视材料的配比，同时对于烹饪方式也有很多要求。对于这些烹饪动词的精确翻译能够使外国人了解中国的饮食文化特点。例如：

揉　knead

磨　grind

爆　quick-fry

炒　stir-fry

煎　pan-fry

腌制　pick

剥皮　skinning

回锅　twice-cooked

煲、炖　stew

浇油烧　baste

舀出来　scoop up

包（粽子）　wrap

捏成（圆形）　pinch

上述列举了中式烹饪中的一些烹饪动词，在翻译时译者根据具体的翻译手法使用英语进行阐释，便于读者理解与接受这些手法。

第二节　英汉服饰文化对比与翻译

服饰是人们日常生活中必不可少的组成部分，中西方在服饰文化上也有各自的特点，下面对英汉服饰文化进行对比分析并总结具体的翻译方法。

一、英汉服饰文化对比

（一）中国的服饰文化

古语云“衣食住行”，从“衣”的排列方式可知服饰在中国人心中的重要地位。可以说，服饰不仅体现出了一个人的社会身份与地位，同时也体现出了一个民族、国家的社会发展水平与人民生活水平。

中国自古就是纺织大国，因此制作服饰的材料充足，所造出的服饰种类繁多，体现出人们的阶级和等级差异。通过服饰来体现人的社会地位是中国封建社会的主要礼仪之一。下面对中国服饰的演变历程进行总结。

中华民族在商周时期形成了上衣下裳的服饰形式；春秋战国时期流行深衣式袍服；汉代女性连在一起的深衣制；南北朝时期人们流行穿着上衣下裙的服饰；唐朝时期，盛行“宽袖大袍、交领掩胸”的服饰样式；清朝时期，男子主要穿开衩长袍，下着长裤，衣袖窄小，袖口装有箭袖，又称“马蹄袖”，人们通常还在长袍外套一件长不过腰、袖仅掩肘的马褂。

（二）西方的服饰文化

西方服饰的特点整体上呈现出“由宽到窄”的发展过程。这种服饰的变化也体现出了西方历史的演变和民族的变动。总体来说，西方服饰文化是古典文化的突出反映。

西方古代提倡宽衣文化，主要在地中海地区盛行。西方古典服装给人一种横向的感觉，通过肩部轮廓的扩张、膨胀的袖型、庞大的裙摆、重叠的花边，使服装线条产生夸张和向外放射的效果。这种服饰特点体现西方人开放热情的民族特征。由于西方人体型高大，更加适合驾驭这种服饰。

随着20世纪民族扩张的需要，西方服饰进入了“窄衣文化”阶段。这个时期，西方人开始关注人体的特点，在服饰设计上力求突出人体的美感，从而在造型上突出一种组合之美，要求服饰造型要经常变化与更新。

西方服饰的这种特征是随着人体的运动姿态和穿着举止的变化而呈现出一种时空变化。正是这样，西式服装的造型所追求的是在动的变化中产生的整体造型效果。因此，西方服饰的造型在修饰人体的同时更是将人体的美展现得淋漓尽致。

随着世界文明的发展，中西方文化交流活动愈加频繁，因此中西方的服饰互相影响，呈现出了一种“非构筑式的追求”。现在，服饰文化已经变得越来越国际化。西方服饰由于其设计的合理性、科学性以及对个性的彰显而备受推崇。

二、英汉服饰文化翻译

中西方服饰文化体现出了各自的特点，对其的翻译需要结合具体的语境。

第一，直译法。西方服饰文化较为直接，对其翻译主要使用直译法进行。例如：

beret　贝雷帽

top hat　高顶丝质礼帽

everyday clothes　便服

full dress uniform　礼服制服

cashmere　羊毛

worsted　精仿毛料

tartan plaid　格子花

sports shoes　运动鞋

padded pants　棉裤

down pants　羽绒裤

上述西方服饰的翻译采用的是直译法，将衣服的具体含义进行对译。需要注意的是，这种翻译方式较为直接，适用于中西方服饰中都有对应表达的形式。

第二，意译法。当直译的形式无法体现出服饰的全部文化特点时，就需要译者在遵循原文的基础上进行创造性的加工与吸收，从而真正体现服饰翻译的内涵。意译法便是突出词汇内涵的翻译方式。例如：

那男孩子的母亲已有三十开外，穿件半旧的黑纱旗袍，满面劳碌困倦，加上天生的倒挂眉毛，愈觉愁苦可怜。（钱钟书《围城》）

The toddler’s mother, already in her thirties, was wearing an old black chiffon Chinese dress; a face marked by toil and weariness, her slanting downward eyebrows made her look even more miserable.（译文）

旗袍为我国典型的服装样式，带有浓厚的中华色彩。在上面的例句中，译者将原文中带有中国特色的服饰“旗袍”翻译为了 Chinese dress，虽然这并不是直译，但是译语读者能够在这种意译翻译手法的作用下，在脑海中领会这是一种什么服饰。

第三，改译法。当译文中的服饰文化词汇不能使读者很好地领会时，可以采用改译的方式。这种改译有助于读者对原文的理解，方便读者对文章的整体把握。例如：

贾母道：“倒是做衣裳不好看。”凤姐忙把自己身上穿的一件大红棉纱袄子襟儿拉了出来，问贾母薛姨妈道：“看我的这袄儿。”（曹雪芹《红楼梦》）

“Clothes of this don’t look well,” said the Lady Dowager.Xifeng promptly showed them the lapel of the red gauze tunic she was wearing, saying,“Look at this tunic of mine.”（译文）

在上面的例句中，出现了棉纱袄、袄子襟儿等带有中国传统文化色彩的词。这种衣物在当今社会中已经很难见到，语言中也不经常出现这种表达形式。为了使译语读者能够理解原文内容，同时做到不破坏文意，译者采用了改译法，将“一件大红棉纱袄子襟儿”改译为英语中 the lapel of the red gauze tunic。其中 lapel 对应的是“袄子襟儿”，the red gauze tunic 对应的是“大红棉袄”。这样的翻译方式减少了因服饰文化的不同对译文理解的影响。

第三节　英汉节日文化对比与翻译

节日是一个民族、地域的重要特色文化形式，中西方形成了各自精彩纷呈的节日文化，下面就对节日文化及翻译进行分析研究。

一、英汉节日文化分析与对比

节日是带有周期性、群众性、相对稳定性的活动方式，是一个国家文化长期积淀的产物，同时也是识别个体民族身份的重要特征。

随着时代的发展，节日文化变得愈加丰富多彩，不同民族的人通过周而复始的民间传统节日，不断再现传统文化并对这些文化进行传承与发扬。因此，节日对于每一个民族和国家来说都有着重要的意义。具体来说，节日文化的意义主要表现在以下两个方面。

首先，节日文化是民族文化的重要组成部分，体现重要的民族特征，对于节日文化的弘扬有助于弘扬民族文化。节日文化的弘扬有助于民族之间的沟通与交流，是民族文化理念与价值观的传达，同时也体现出了民众的文化趣味和文化情感。节日文化和民俗有着紧密的联系，是民俗文化的集中体现，同时也是文化传播与传承的重要桥梁。在时代的演进下，民族节日文化不断进行沉淀、保存与发扬，因此有助于整体民族文化的发展。其次，通过节日人们可以相互沟通与祝福，从而起到增进沟通、增进友谊的目的。节日文化的发展有助于人际情感的加强，是民族向心力与亲和力的重要体现。通过节日丰富生活，人们可以增加亲密感与聚合感，是人类适应社会文化发展的重要方式。

上述了解了节日的重要意义，下面对中西节日的具体差异进行总结与分析。

（一）英汉节日社会背景分析与对比

中西方节日的差异从根源上说是中西方不同价值取向的表现。中国社会主要为礼治，在这种价值取向下人们的社会行为主要为集体本位主义思想。在这种价值取向的影响下，中国节日更加注重介入活动中的集体参与性与娱乐性。

西方社会主要为法治，在这种价值取向下，西方人主张从法的角度规范社会成员的行为。法治思想倡导个人本位主义，倡导人文主义，重视个人利益，主张个体对个体负责。因此，法治思想的影响下，西方的节日更加重视个人情感的宣泄。

信仰体系不同也是中西方节日根源的重要差异。节日是民族文化的载体，同时也是民间信仰的载体。节日不仅表现出了本身的节日意义，同时也承载着丰富而复杂的民族信仰。

中国传统文化是一种氏族农业文化的历史继承。因此，人和人之间的关系相对较为简单，一般以氏族为单位进行沟通。在这种关系下，宗教形态也局限在这个范围内，主张祖先崇拜、自然现象崇拜。

中国古代习惯给祖先与宗室赋予深化色彩，随着时代的发展，这种氏族崇拜发展成了始祖崇拜，在节日文化上的体现为春节祭神、祭祖现象。人和神的关系逐渐建立起来，人们希望通过节日的祭拜来寻求神灵的庇佑，自此中国泛神信仰体系形成。

西方的信仰体系主要为宗教体系，他们将宗教信仰视为至高无上的存在。很多人将宗教作为人生的信仰，严格指导自己的私人生活。

（二）英汉节日庆祝分析与对比

中国节日和饮食有着密切的关系，几乎每一个节日都能和饮食联系在一起。例如，春节人们要吃饺子和年糕，元宵节要吃元宵，端午节要吃粽子、喝雄黄酒，中秋节要吃月饼，腊八节要喝腊八粥等。在节日的影响下，中国形成了独具特色的文化饮食习惯。这些饮食习惯具体表现出以下两个方面的特点。

首先，全家共享性。中国节日在庆祝时是以饮食为中心进行的，大多以家庭为单位进行庆祝。中国自古便有“每逢佳节倍思亲”的说法，认为到了节日的时候要回家团圆。

中国的元宵节、中秋节都表达出了阖家团圆的美好愿景。在这些节日中，人们吃的食物也都是圆形的，如元宵、月饼等。同时在节日中，一般是以家族的形式进行集体的娱乐性活动，体现出了中国以家为中心的群体组织特点。

其次，饮食名称内涵丰富。中国传统节日饮食带有丰富的寓意和内涵。通过饮食，人们想要传达出一种祝福和祈愿，表达人对自然和天地万物的感激之情。

例如，冬至的时候，中国人有吃馄饨的习惯。因为，冬至正值阴阳交替、阳气发生之时，寓意着祖先开混沌创天地，通过吃馄饨表达对祖先的缅怀与感激之情。

西方节日主要注重人们之间的交往。在节日庆祝过程中，也会有一定的饮食特点，如在圣诞节的时候要吃火鸡，在感恩节的时候要吃南瓜馅饼等，但是从整体上说，西方的节日饮食种类较少，同时食物在名称上也没有太多的文化内涵。

西方节日庆祝多注重交往与娱乐。例如，在复活节的时候，人们会玩滚彩蛋的游戏，在感恩节的时候有南瓜赛跑和玉米游戏，圣诞节的时候会进行圣诞游行，在教堂里听圣诞弥撒。

二、英汉节日文化翻译

由于中西方节日带有各自的特点，因此在翻译时不能采用固定的方式，而需要针对不同的节日内涵进行针对性翻译。这一点在中国节日文化翻译中表现得更为明显。一般来说，西方节日都可以按照直译法进行翻译。例如：

Easter Day，Easter Sunday　复活节

April Fool's Day　愚人节

Father's Day　父亲节

Labor Day　劳动节

中国节日往往带有深厚的内涵，因此翻译过程较为复杂，下面主要对中国节日的翻译展开具体分析。

（一）直译法

直译法就是按照字面含义进行翻译，是一种保持原文内容与形式的翻译方式。中国很多节日都可以采用直译法进行。例如：

春节　the Spring Festival

建军节　the Army Day

中国青年节　Chinese Youth Day

（二）按照农历翻译

中国是农业大国，很多节日都和农业生产活动息息相关。因此，中国很多节日是按照农历时间换算的。例如：

重阳节是农历的九月初九，据说在这一天插茱萸可以让自己身体健康，驱赶瘟魔。重阳节按照农历可以翻译为 the Double Ninth Festival。

七夕节是农历的七月初七，相传是为了纪念牛郎和织女的爱情故事。按照农历进行翻译，七夕节可以翻译为 the Double Seventh Festival。清明节按照农历可以翻译成 the Qing Ming Festival，也可以翻译成 Tomb-sweeping Day。

翻译的目的是进行文化的交流与传播，因此在翻译中不必拘泥于固定的、表面的形式，而应该根据中国习俗灵活运用多种翻译方式，从而更好地传达节日文化内涵，保证节日文化的顺利传播。

（三）按照习俗翻译

按照习俗进行翻译也是中国人进行节日文化翻译的重要方式。在中国，不同的节日有着不同的庆祝方式，这些庆祝方式各具特色，因此按照这种特色进行翻译也是十分得体的翻译形式。例如：在端午节这天，中国人为了纪念伟大的爱国诗人屈原，会吃粽子、赛龙舟。根据这种节日习俗，可以将端午节翻译为 the Dragon Boat Festival。

再如，中国的中秋节是为了纪念嫦娥与后羿的爱情故事。中国人在这一天都要赶回家和家人一起赏月吃月饼，祈盼团团圆圆。按照这一习俗常将中秋节翻译成 the Moon Festival。按照习俗翻译中国节日可以使西方人从节日的名字中了解到一些中国的习俗。

第四节　英汉婚姻文化对比与翻译

婚姻是每个个体人生中的头等大事，并与一个人的生活状态、价值实现等密切相关。相应地，婚姻文化也就成了人类文化的重要构成部分。受到文化背景等因素的影响，中西方在婚姻文化的诸多层面都存在着不同。事实上，婚姻文化能很好地反映某一民族不同社会时期的经济、政治、礼俗以及社会心理等层面的内容。对婚姻文化差异及其翻译进行分析对不同文化下人们的沟通和交流有着积极的作用和意义，下面就先对中西婚姻文化进行分析，然后探讨中西婚姻文化的翻译。

一、英汉婚姻文化分析与对比

（一）婚姻文化差异成因分析

中西方的婚姻文化之所以存在着诸多方面的不同，主要受到以下几个方面因素的影响。下面就分别对这些影响中西方婚姻文化的因素进行逐一分析。

1．地理环境因素

地理环境是对中西婚姻文化差异产生影响的一个客观因素。我国属于典型的封闭的大陆型环境，这种类型的地理环境就对国人的思维产生着一些影响，使其局限在本土内部进而形成求稳好静的性格。并且，非常重视对大自然的顶礼膜拜和对自然规律的十分严格的顺从和遵守。相比之下，西方文化下的人们所处的是一种海洋型的地理环境，并且在航海业和工商业方面表现出独特的优势，进而形成了重视空间拓展以及借助于武力征服的性格特点。这些性格特点也在不同程度上对婚姻文化产生着影响。

2．经济制度因素

经济制度因素也是对婚姻文化差异产生影响的一大关键因素。我国的传统经济属于典型的自给自足经济，这种经济类型导致了性格中的安分保守倾向，因而中国人就具备了求同求稳以及重视伦理道德的性格特点。西方文化属于古希腊文明，发源于爱琴海沿岸，属于典型的海洋文明。在西方，其农耕并不像中国的农耕在古代社会那样重要，因而西方国家的人们对向外探索表现出极大的热情，其文化也呈现出外向的特点。

3. 文化传承因素

我国是一个有五千多年悠久历史的国家。并且，在历朝历代的更迭和变化中，我国的文化并没有消失，而是得到了较好的传承，并形成了独具特色的传统文化。各民族间的融合与发展不仅利于各民族的友好交往，而且利于社会的团结和安定。总体来说，我国文化展现出强有力的生命力和包容性。

西方文化则和汉民族的文化存在着很大的不同，西方很多国家的历史都伴随外国的入侵并呈现出古老文化和新文化的相互斗争。因而，西方文化整体上呈现出主体性缺失但富于多样性的特点。

（二）择偶观念差异分析

中西方文化影响下的人们在择偶观念方面也呈现出明显的差异。下面就对其分别予以分析。

汉语传统文化的择偶观念崇尚“门当户对”的思想观念。具体而言，汉民族文化下的择偶双方对彼此的经济情况和社会地位关注得比较密切。尽管伴随着时代和社会的发展变化这种思想观念在慢慢地发生着变化，但是大多数社会青年在择偶观上还是严重受到“门当户对”这一思想观念的影响。同时，在择偶时他们还会充分考虑双方家庭的生活习惯以及对现实事物的看法等因素，相同或类似的生活习俗一方面更加有利于双方的交流和沟通，另一方面对维持婚姻长久的生命力也大有帮助。

相比之下，英语文化下的人们在择偶时对双方的契合度更加关注，而且其他的一些因素诸如教育程度、家庭背景等却很少在考虑范围之内。

（三）婚育观念差异分析

中西民族文化下的人们在婚育观念层面也表现出诸多方面的不同。受到不同生育观念的无形引导，各民族所形成的人口规模也会存在着一些差异。下面就结合中西民族的婚育观念方面的差异进行对比和分析。

汉民族的思想文化理念自古受到儒家、道家、佛家的影响比较严重，这在婚育观上也得到了较好的体现。汉族文化下人们的生育观和婚姻观通常结合得十分紧密，往往都是受到习俗的指引在结婚之后才可能繁衍子嗣。孟子就曾这样提到：“不孝有三，无后为大。”[①] 这里传统的思想观念可以说在汉民族的社会文化中已经根深蒂固了。汉民族的生育观念还在很大程度上受到道教的影响，在道教的思想

① 孟子．孟子[M]．哈尔滨：北方文艺出版社，2019．

观念中非常重视“生”，并以“乐生”和“贵生”当作其宗旨，并形成了其独有的生育文化。

西方社会文化中，婚姻的目的也存在有繁衍子孙这一层面的具体含义，但是与汉民族文化下的婚育观相比要淡薄很多，他们更为关注的是上帝对自己的赐予，基督教神学对其生育观念产生了比较深远的影响。西方文化中的人们更为注重和歌颂自由婚姻，这也是西方婚姻同汉民族婚姻的巨大差异所在。西方人认为，婚姻纯属个人的隐私，任何人不得对婚姻加以干涉。在很多西方的中产阶级看来，应对婚姻保持一种严肃认真的态度。他们认为，家庭属于社会的一分子，假如家庭不和谐存在着矛盾，会在整体上影响到社会的和谐，甚至会使社会腐化和堕落。

（四）婚礼细节差异分析

中西方在婚礼举办的细节方面虽有雷同，但差异更为明显。例如，在汉民族婚姻文化中的媒人与西方文化下的牧师，汉民族文化中的“早生贵子”这一习俗和西方婚俗文化中的撒米粒，下面就主要结合这两个方面逐一进行分析。

1. 差异一：媒人与牧师

在汉民族的婚俗传统中自古就有“父母之命，媒妁之言”这一说法，且媒人在中国传统婚姻制度中发挥着重要的作用并占据着非常重要的地位。媒人出现在一夫一妻制形成之后。在中国传统社会，媒人，俗称“媒婆”“红娘”，他们的主要职责在于撮合男女婚事。媒人不仅为男女双方的婚事而奔波，还会对二者的纠纷进行调停。媒人在中国的封建社会中不仅上升到礼的高度，更被法律所规范，媒人还是双方家长意志的代理人。只有有媒人作证，男女二人的婚姻才得到法律上的认可，否则便被认为是可耻的、不光彩的。

在西方婚礼中，牧师发挥着非常重要的作用。新郎、新娘都在教堂里举办婚礼，婚礼通常由代表上帝的牧师主持，新人在亲朋好友的见证下，接受牧师的提问：你愿意在这个神圣的婚礼中接受新娘（新郎）作为你合法的妻子（丈夫），一起生活在上帝的指引下吗？你愿意从今以后爱着她（他）、尊敬她（他）、安慰她（他）、关爱她（他）并且在你们的有生之年不另做他想，忠诚对待她（他）吗？

Do you take Bride’s Name (Groom’s Name) for your lawful wedded wife (wedded husband), to live together after God’s ordinance, in the holy estate of matrimony? Will you love, honor, comfort, and cherish her (him) from this day forward, forsaking all others, keeping only unto her (him) for as long as you both shall live?

在得到双方的肯定答复之后，牧师才正式宣布他们成为合法的夫妻。虽然牧师在婚礼中出现的时间十分短暂，仅有几分钟，而且他们在婚礼上所说之词都是相同的，从未发生任何改变，但是他们的存在不仅给婚礼增添了一种神圣感，同时还承认了新人结合的合法化。在西方婚俗中，牧师的重要性不容忽视。

2. 差异二："早生贵子"与撒米粒

在中国传统婚俗中，人们对新人的祝愿中大多是早生贵子，这一典型的汉民族婚俗在为新人"铺床"的方式中得到了很好的体现。在婚礼中，"铺床"是非常重要的活动。大多都由长辈或儿女双全的人来铺，并且还会在床上抛撒一些具有美好寓意的坚果物品，如桂圆、红枣、花生、莲子等，这些物品都象征着"早生贵子"，祝福新人和和美美、早日得子。

在西方的婚礼文化中，还存在着撒米粒这一习俗，西方很多国家在婚礼中都有撒谷物的习俗，由于米粒象征谷物的收成，向新人撒米粒不仅寓意新人能多生贵子，还象征着新婚夫妇的财产像丰收的谷物一样，有兴旺发达、昌盛富饶的含义。例如，在英国，早期人们都是撒小麦和玉米，到了公元9世纪中期才出现撒米粒的习俗。在苏格兰，人们向新郎新娘头上撒燕麦片。

二、英汉婚姻文化翻译

前述对婚姻文化的分析，不仅让我们对中西方婚姻文化的差异成因有了深入、具体的认识，同时也更清楚的明确了中西方在择偶观念、婚育观念以及婚礼细节方面的差异。而要想做好婚俗文化的翻译，仅仅了解这些还远远不够，婚姻文化贯穿古今，在一些典籍中我们也能经常看到一些有关婚俗文化记载的相关内容。并且，伴随着时代的发展，中西方婚姻文化有时也在发生着交融。因而，要想更好地进行婚姻文化的翻译，还应结合时代的发展转换陈旧的思想观念，以开放的心态接受文化的发展和变迁。下面就在前述对婚俗文化进行分析的基础上，结合婚俗文化的翻译进行具体分析。

（一）中国婚俗文化的英译

1. 直译

对于一些中国文化下结婚场合经常使用到的用具经常采用直译法进行翻译。例如：

果盘　compote

披肩　shawl

首饰箱　jewel casket

鹅桶　goose shaped pail

鲜花　flower

花生　peanut

枣　Chinese date

嫁妆　dowry

圈椅　round-backed armchair

针线盒　sewing basket

圆凳　round stool

2. 意译法

有些汉民族结婚所使用的器具是中华民族文化中所独有的，并且采用直译法很难将其阐释清楚，此时可采用意译法进行翻译。例如：

拜堂　bow to heaven and earth

财礼　wedding expense

花烛　wedding candlesticks

竹夫人　bamboo husband for dutch consolation

“竹夫人”的本意是夏季天热时可拥抱的清凉之物。根据传统婚俗的观点，竹夫人象征着男性，是用于传宗接代的神圣物品。“竹夫人”往往和弃妇的形象联系到一起。古时候，一个女子如果不能为丈夫传宗接代，无论她出嫁时多么风光，都同样要面临被抛弃、失宠等可能。因而只能守着她的红妆，以冰冷的竹夫人为伴。如果对其进行直译，将其译成 bamboo wife 或者 bamboo lady，在西方文化背景下，人们对其理解存在较大难度。运用意译将其译为 bamboo husband 很好地阐释了竹夫人象征着男性，dutch consolation 有自我安慰的意思，这样的翻译能巧妙地将竹夫人同闺怨相联系，使其富于文化色彩。

3. 音译法

音译法主要适合于婚姻习俗文化中文化内涵独特的词汇或文本的翻译，采取音译法进行翻译能很好地展现这种独有文化的内涵和特点。例如：

门包　menpao

聘礼　pinli

中国传统婚姻程序，包括六个程序，即六礼：纳采——亦即男方向女方发媒提亲，送雁作为求婚礼物；问名——男方问女方姓名、出生日期，以合八字，定凶吉；纳吉——将合八字所得吉兆通知女方并送订婚礼；纳征——亦称纳成，即送聘礼；请期——告知女方举行婚礼日期；亲迎——新郎亲往女家迎娶新娘的仪式。

对于其中的“纳采”“纳吉”“纳征”“请期”“亲迎”这些表述，就可以采用音译法进行翻译。

（二）西方婚俗文化的汉译

对于一些西方结婚场合所使用到的一些用品以及婚礼现场的活动以及人们在举行结婚纪念活动中所采用的婚礼命名，经常采用直译法进行翻译。例如：

wedding gown　新娘礼服

buggy　马车

wedding dress　婚纱、结婚礼服

bridegroom　新郎

bride　新娘

priest　牧师

honeymoon　蜜月

vows　婚誓

say one’s vows　立下婚誓

union of wine cups　交杯酒

wedding march　婚礼进行曲

swear　宣誓

ivory wedding　象牙婚

silver wedding　银婚

ruby wedding　红宝石婚

sapphire wedding　蓝宝石婚

golden wedding　金婚

emerald wedding　翡翠婚

diamond wedding　钻石婚

第五节　英汉建筑文化对比与翻译

建筑是一种重要的文化形式载体。建筑文化的发展通常是以传统建筑文化为基础得以发展的，很多传统建筑的精髓都展现出强大的生命力以及广阔的适应性。下文主要围绕中西建筑文化差异相关的内容进行具体分析。

一、英汉建筑文化分析与对比

（一）建筑价值差异分析

中西方在建筑价值方面存在着诸多方面的不同。中国建筑文化将着眼点放在信息方面，西方建筑文化则将着眼点放在实物体上。具体来说，就我国古代建筑的结构来看，所依靠的不是计算、定量分析以及形式逻辑的方法构思，而采取的是传统的师傅带徒弟的言传手教的方式，更多的是依靠实践和经验。我国的建筑尤其是唐代以前的建筑知识，大多是从文献资料上得到的信息。历朝历代的帝王陵寝与民居也都是按照风水之说以及五行相生相克的原理来建造的。其所追求的是天地与自然万物的和谐，为了趋吉避凶、招财纳福。有的建筑在建造时希望能够凭借山水的势力，有些聚落的建筑往往依靠大山、面向平川。“仰观天文，俯察地理”的理念就很好地体现了汉民族典型的建筑文化精髓。

如果对西方的建筑文化进行反观，不难发现，西方建筑美中的构形意识其实就是几何形体。例如，雅典帕提农神庙的“外形控制线”就是两个正方形。米兰大教堂的“控制线”是一个正三角形，巴黎凯旋门的立面为一个正方形，其中央拱门和“控制线”则是两个整圆。西方建筑中的这些文化元素其实是受到古希腊的毕达哥拉斯、欧几里得首创的几何美学与数学逻辑以及亚里士多德奠基的“整一”和“秩序”的理性主义“和谐美论”这些理念的影响。17 世纪初，著名的建筑师亨利·伍登（Henry wooden）提出了他对建筑的理解，他认为优秀的建筑应具备“坚固、实用和欢愉”这三大条件。后来，西方人还将坚固、实用作为对优秀建筑进行评价的重要原则。至今，很多西方古罗马、古埃及和古希腊的建筑依旧完好地保存着，并用实用的形象演绎着建筑文化。

（二）建筑布局理念差异分析

中西方在建筑布局理念方面也存在着明显的差异。下面就分别对其予以分析。

中国建筑在布局理念上应该属于一种典型的围墙文化，体现了中国人内敛含蓄的传统观念。不管是殿堂式建筑的中轴线设计，还是古典园林的错落有致，均在无形中彰显着中国作为一个内敛含蓄的国度的特色。殿堂或庭院建筑都含有围墙的封闭空间，宫殿、大堂都是整个建筑的中心，其他建筑是紧紧围绕着它来设计的。

与之相反，西方建筑多几何线条，并给人一种有秩序、敞开、一览无余的感觉。例如，西方国家的广场通常都是开放式的空间，它与其他建筑相映成趣，与城市环境和谐地融合在一起，构成了西方建筑文化的一大亮点。广场在西方仅仅是整体建筑的附属物，真正居于主体地位的是广场中间的其他建筑，所以广场是服务于其他建筑的。但是，西方建筑在共性之中还存在着个性，如哥特式建筑以直冲云霄的垂直线条和尖顶为主要亮点，而罗马式建筑厚重、敦实，拥有典型的封建城堡特色。

概括而言，中国建筑不注重单个建筑的高大，反而强调群体的宏伟。因此，中国建筑通常是由一个个的单位建筑组合而成一个大的建筑群，讲究中轴对称，追求纵深效果。西方建筑不注重整体效果而较多地注重单体的建筑艺术效果。也就是说，西方建筑讲究立体效果和突兀高耸，常常在空间上垂直扩展，体现出外向、开放、活泼的特点，城市布局多为放射状，追求自由性和进取性。

（三）建筑革新态度差异分析

从建筑发展的历程进行分析，中国的建筑呈现出保守的特点。根据相关文献资料的记载，中国建筑的形式以及所用的材料甚至在三千年之内没有发生任何改变。同中国建筑文化不同的是，西方建筑文化则呈现出经常求变的特点，在结构和材料演变上也表现出富于变化的特点。

从希腊雅典卫城上出现的第一批神庙起至今已有 2500 元年的历史，在此期间，整个欧洲古代的建筑形态一直在发生着演进和跃变。由古希腊古典柱式到古罗马的拱券、穹隆顶技术，由哥特建筑的尖券、十字拱和飞扶壁技术到欧洲文艺复兴时代的罗马圣彼得大教堂，不管在形象、比例、装饰以及空间布局上，都发生了很大的变化。这些建筑文化其实都很好地反映了西方人勇于创新、独辟蹊径的精神。

综合上述从建筑价值、布局理念、建筑革新态度几大方面对中西建筑文化差异的对比分析，不难看出，中西建筑文化并不是绝对孤立存在着的，而是处在一种交叉着冲突、碰撞、交互和融合的状态之中。这两种文化下的建筑在此消彼长中改变着我国传统建筑理念中的建筑理念、结构和手法。但是，要想实现建筑文化的传承和发展，应对具有特色的我国传统建筑文化进行深入研究和精确的传译，使其建筑艺术的风格和魅力得以有效彰显。

二、英汉建筑文化翻译

上述有关中西建筑文化差异的对比分析仅仅是从宏观层面进行的概括，在具有悠久历史文明的汉族建筑文化中，建筑文化在经历着历史的变迁和革新，可以说是饱经沧桑。但是，一些经典的建筑文化有的以实体的形式保留着，有的被记载在典籍中，而且有的也仅仅能通过典籍来品鉴了。为了更好地理解建筑文化的翻译，下面就结合一些具体的翻译实例进行分析。

（一）借助图式翻译

山西孝义近代建筑的发展可以被称为我国内陆城市近代建筑发展的一个典型代表。这些相关的建筑文化不仅很好地涵盖了沿海地区中西方建筑文化交融的过程，同时还将我国各不同地区的建筑文化内涵以最好的方式汇集在一起，并实现了相互融合和发展，在这一具体的融合过程中，一些新技术和新形式也得到了很好的发展，并形成了新的建筑类型和风格。下面就以这一地区的宋家庄张家院为例分析如何借助图式翻译。

宋家庄张家院是宋家庄保存的最为完整的民国时期的建筑，这一建筑凭借其特殊的建筑来表现语言，并对特定历史时期的建造水平和社会人文进行真实的记载。这一院落为典型的三合院。进入院落之后，呈南北轴向。院门位于中轴线南端，格局完好。下面就结合其中的一些具体建筑的翻译进行分析。

在具体翻译时，将“张家院正房立面图”翻译为 main building elevation of Zhang’s。具体如图 4-5-1 所示。

图 4-5-1　张家院正房立面图

将“张家院剖面图”翻译成 profile of Zhang’s。具体如图 4-5-2 所示。

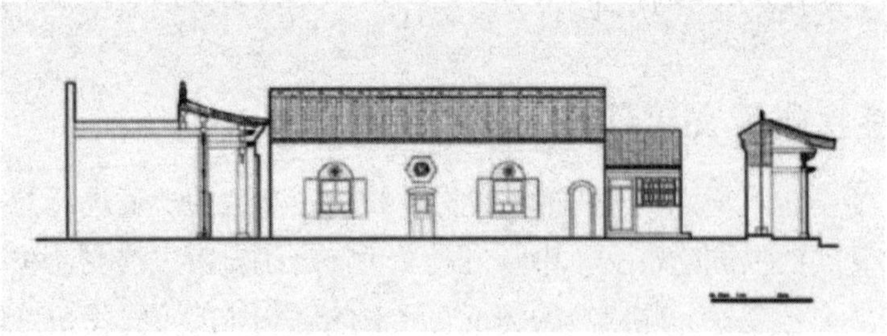

图 4-5-2　张家院剖面图

将“张家院平面图”翻译成 plan of Zhang’s。具体如图 4-5-3 所示。

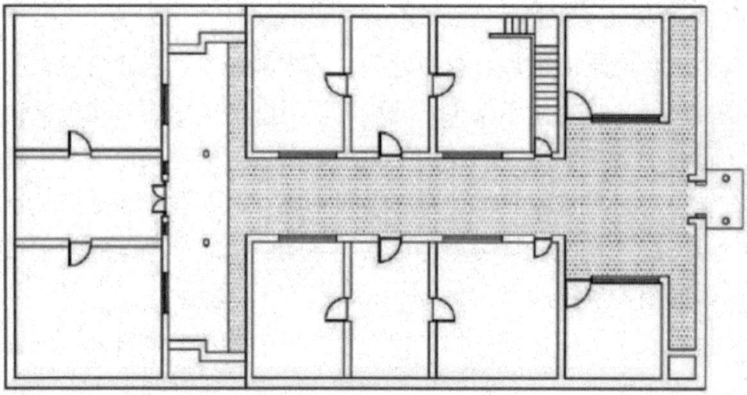

图 4-5-3　张家院平面图

宋家庄张家世世代代都生活在此地，以务农为主要生计的中等阶层的代表。这一层次的人们相对于那些正常的大户来说，对外界的新生事物接触的比较少，并且对周边环境的转变（周边经商人家逐渐效仿所到之地的建筑形式并引入一些西方的建筑元素），这些外在的因素都带动了普通民众在建筑形式方面的改变，因而，这套宅院对研究当时的普遍中下等的民居的建筑形式意义重大。

（二）化繁为简

在对相关的建筑文化进行翻译时，有时还会遇到一些空洞浮夸的套话。对于这些套话，假如要按照其原风格进行传译通常会使译文变得繁杂不堪，而如果不翻译的话，又会违背翻译的基本原则。因而，在面对这种情况时，不妨按照实际的翻译要求，进行相应的甄选和变通，将原本具体、复杂的信息群简化成直白、凝练的信息群。例如：

突出了林、地、山、水、人、园的理念。

feature a more balanced gardening concept.

在对这一内容进行翻译时，考虑到原文过于中式化，将其翻译成英语时进行了相应的调整和大胆的删减。再如：

植物配置上，运用自然起伏的地形，采用大量的观花和色叶树种，形成更丰富的“春景秋色”。功能布局上，根据市民活动特点，进行合理分区和空间组织，形成有动有静、有开有闭的不同空间，强化了公园的服务功能，营建了和谐的游园氛围，成为市民休闲娱乐的好场所。

原文中包含着“春景秋色、有动有静、有开有闭”这些四字结构，在对其进行英译时，也可采取简化的策略进行翻译，可将其翻译如下：

There, landscape plants and flowers are arranged in a way that best fits the rolling terrain to enhance the view.Optimal space arrangement has been made to maximize the service functions of the park as a desirable leisure centre for visitors and citizens.

（三）改写重组翻译

由于中西文化下的人们在思维方式方面所存在的巨大差异，使得他们在对具体的事物进行陈述时也存在着很大的不同。中国人注重曲线思维，习惯用一种迂回、环绕式的思维方式。在表述时通常是先阐述相关事项，然后点明主题。西方国家的人们注重直线思维，大多是按照逻辑直线推理的方式进行思维，大多是直截了当地从主句开始，然后对主题句进行解释说明。这一特点在建筑文化相关的文章中也得到了很好的体现。因而，在进行翻译时，就需要进行相应的改写和重组。例如：

……可供游客傍湖品茗，赏心悦目。公园的山、水、建筑、植物配置相得益彰，风光宜人、景色秀美。

...Where visitors may sit down for relaxation while enjoying the pleasant view of artificial rockeries, water scenes, classic buildings and exotic plants.

本例原文中使用了相得益彰、风光宜人、景色秀美这些成语，如果不对其进行重新改组，就容易陷入中文的陷阱。上述译文就进行了很好的重组。对原文中的结构、语句以及语篇的叙述方式进行了相应的调整，使其更加符合译入语的思维习惯。

第五章　英汉自然文化对比与翻译

自然文化也是英汉翻译中经常遇到的内容，本章论述了英汉自然文化对比与翻译，具体包括英汉动物文化、英汉植物文化、英汉山文化、英汉水文化和英汉颜色文化的对比与翻译。

第一节　英汉动物文化对比与翻译

一、英汉动物文化对比

（一）同一动物具有相同的内涵

英汉民族属于不同的文明体系，英语民族属于海洋文明，我国发源于黄土文明，英语民族倡导“天人相分”，我国崇尚“天人合一”，但是人们都在同一个星球上生活，都面临江河湖海，目睹日出日落、季节交替，因此或多或少会产生一些趋同的认知。基于这些趋同性，英汉语言中的动物词汇会出现词义重叠的情况，即所谓的词汇对应。简单来说，就是一些相同的动物有着相同或相近的内涵。

1.bee 与蜜蜂

英语中的 bee 与汉语中的蜜蜂在文化内涵上基本相似。例如：

as busy as a bee　忙得团团转，非常忙

a busy bee　一个忙碌的人

他整天埋头苦干，像一只勤劳的小蜜蜂。

他们准备考试忙得像蜜蜂似的。

2.swan 与天鹅

在英语中，swan 的含义是典雅的、圣洁的、美好的。在英语中，有很多与 swan 相关的短语。例如：

the swan of Avon　埃文河畔的天鹅

All your swans are geese.

所有的美好愿望都变成泡影。

汉语中也是如此的寓意，如“癞蛤蟆想吃天鹅肉”就是用癞蛤蟆的卑微、丑陋反衬天鹅的高贵与美丽。我国赫哲族的天鹅舞就是表现出美丽少女对封建婚姻的反抗，希望变成一只白天鹅。

3.crocodile 与鳄鱼

英语中的crocodile与汉语中的鳄鱼的内涵基本相同，都表达一种表面富有同情心、很仁慈，但实质铁石心肠的人，代表的是伪君子。例如：

crocodile tears 鳄鱼的眼泪（讽刺伪装善良的人）

鳄鱼眼泪假慈悲。

4.bug 与臭虫

英语中的bug常常用来比喻人，有着戏谑的味道，也用来比喻对某件事、某个物品偏好的人。例如：

a football bug　喜欢足球的人

a camera bug　喜欢摄影的人

a bug at sports　体育迷

汉语中也有以虫喻人的说法。例如：

糊涂虫：形容不明事理的人。

懒虫：形容非常懒惰的人。

蛀虫：形容侵吞国家财产、他人财产的人。

（二）同一动物具有不同的内涵

在英汉两种语言中，也存在一种动物的概念意义完全相同，但文化内涵明显存在差异的情况，且这一种情况较多，也是最值得注意的地方。这是因为，英汉两个民族文化背景存在差异，自然而然地对同一动物会产生不同的联想，进而就赋予了其不同的意义与文化内涵。

1.dragon 与龙

英语中的dragon与汉语中的龙的文化内涵存在明显的差异，这是最为典型的例子。在西方的神话传说中，dragon是一种犹如巨大蜥蜴、长有翅膀、身上有鳞、具有长蛇尾、能够喷火的动物，是邪恶的代表。甚至，dragon被西方人认为是凶残的，应该被消灭，这在很多的古代神话人物事迹中可以体现出来，很多英雄都会去剿灭这种怪物，且最后以怪物被杀为结局。现实中，有很多与dragon相关的包含贬义的说法。例如：

the great dragon　恶魔撒旦的称呼

to sow dragon's teeth　播下了不和的种子

而相比之下，中国人眼中的“龙”是一个图腾的形象。在中国古代的传说中，龙能够降雨，能够上天入地，集合了多种动物的本领。中国人赋予龙吉祥的象征，并自认为是“龙的传人”且对此感到非常自豪。在中国几千年的历史中，龙的地位一直非常高，并作为封建皇权的一种象征，如“真龙天子”“龙袍”“龙脉”就是典型的代表。

中华民族推崇龙英勇不屈的精神，也正是基于这一精神，中华民族力图将其发扬光大，形成一种不屈不挠的精神观念，构成中华民族的一种道德规范。因此，在汉语中与“龙”相关的成语有很多，如画龙点睛、生龙活虎、龙腾虎跃、龙飞凤舞等。

另外，很多人也期待自己的孩子能够成为人中龙凤，因此在起名的时候也多用龙，如“贺龙”“李小龙”等。

2.phoenix 与凤凰

在英语中，phoenix 又可以称为“不死鸟”，长满火红色或者金黄色的羽毛，是一种灵鸟。传说其在阿拉伯沙漠生存500～600年，临死前会为自己筑巢，其中铺满香料，唱出一曲婉转的歌，然后用翅膀将火扇旺，焚烧而死，但三天后又会在灰烬中复生，因此英语中的phoenix又有了复活、再生的含义。例如：

It like a phoenix, has been resurrected from the ashes of the war.

它如同传说中的凤凰一般，在战争的灰烬中重生了。

在中国，凤凰是一种非常奇异的动物，是百鸟之王，人们认为凤凰是太平的象征，不仅会给人们带来吉祥安康，还预示着人们的美好品德。例如“凤毛麟角”指不可多得的人、珍贵的人，“山窝里飞出了金凤凰”指在山村出了有特殊才能的人。同时，凤凰还被认为是幸福的化身，代表着爱情与安宁。凤凰往往与龙齐名，是阴阳两性的代表。在古代社会，龙代表的是帝王，而凤凰代表的是皇后，不仅是皇权的代表，还是夫妻恩爱的代表。

3.monkey 与猴

在西方国家人们的眼中，猴子被认为是聪明的动物，也被认为是爱搞恶作剧的动物，常常用来代表贪玩、爱搞恶作剧的小孩。在英语中，很多成语都体现了这一点。例如：

monkey around 胡闹、闲荡

monkey with 鼓捣，瞎摆弄

make a monkey of sb 戏弄某人、耍弄某人

在汉语中，猴与“侯”同音，而“侯”代表的是一种官爵，因此汉语中的猴是一个非常吉祥的动物，当人们提到猴时，往往会联想到《西游记》里面的美猴王孙悟空，也是家喻户晓的动物，备受人们的喜爱。在中国人眼中，猴子非常可爱、活泼，也非常的聪明。

4.dog 与狗

狗在英汉民族都非常常见，虽然他们对狗的指称意义是一致的，但是养狗的态度与目的不同。

在英语民族，dog 的地位是非常高的，它们不仅用于打猎、看家，还往往是为了陪伴。有的人没有儿女，往往用 dog 来替代，他们的 dog 往往有很多特权与优待，有吃有穿，还有音乐家为其专门谱的“狗曲”，生病时还往往请兽医来诊治，还会请专科医生、心理学家来疏导与治疗。如果主人外出，它们还可以享受假期待遇，因此也诞生了很多与狗相关的短语。例如：

Lucy is a lucky dog.

露西真幸运。

Every dog has its day.

人人都有得意的一天。

相比之下，在中国人的传统观念里，狗多被赋予卑躬屈膝、仗势欺人的负面形象。例如，狗仗人势、狗急跳墙、鸡鸣狗盗、狗胆包天、狼心狗肺、狗眼看人低、狗嘴里吐不出象牙等。

5.cat 与猫

在西方文化中，cat 代表着魔鬼的化身，在中世纪，是巫婆的守护神，尤其是黑色的 cat，更让西方人非常厌恶。因此，英语中常使用 cat 一词代表包藏祸心的人。例如：

Andy is a cat.

安迪是一个邪恶的人。

在中国文化中，猫一般是精灵、可爱的代表。中国人对猫是非常喜欢的，因为猫可以和主人做伴、可以消遣，还能够抓老鼠，非常实用。

可见，相同的动物在不同的民族折射出不同的文化内涵，也反映出不同的民

族心态与性格。这些词汇的差异展现了英汉两种语言的差异，体现了不同民族的文化个性。

（三）不同动物具有相似的内涵

在英汉两种语言中，存在这种情况：虽然是两种不同的动物，表达的内涵却是相似的。这与中西方的历史背景、对客观事物的认知方式有关。

1.horse 与牛

在英语中，horse 是西方人早期的生产生活的工具，后来延伸了赛马等娱乐项目，在英语中的 horse 有着勤劳苦干的意思。例如：

work like a horse 像马一样苦干、勤劳

而这一内涵恰好与中国的牛是相符合的，都是勤勤恳恳的象征，表达了相同的作用，即农耕工具。因此，“力大如牛”应该用 as strong as a horse 表示。

2.lion 与老虎

在西方文化中，lion 是百兽之王，其取代了老虎的地位，如 king of beast 是狮子王。另外，英语中 lion 的很多说法都是与老虎相对应的。例如：

a lion's provider　比喻走狗，对应为虎作伥的人

as bold as a lion　勇猛如狮，对应勇猛如虎

the lion's skin　比喻外强中干的人，对应狐假虎威

to beard the lion　比喻危险的事情，对应虎口拔牙

相比之下，老虎在中国人的眼中是百兽之王，非常凶猛、强健有力。如果将虎与龙并用，表达人们对被指称的人的尊重。例如：

龙行虎步：比喻帝王的神态。

虎踞龙盘：比喻地势比较险要。

龙吟虎啸：比喻声音非常响亮。

（四）相同动物既有相同内涵又有不同内涵

如前所述，由于人类生活的客观环境具有现实性，且人类认知心理也具有趋同性，导致相同的动物可能产生相同的文化内涵，也可能产生不同的文化内涵。

1.fox 与狐狸

无论在英语还是汉语中，fox（狐狸）都指的是野生的、普通的食肉动物，属于犬科，性情狡猾，因此在用作比喻时，往往指代的是“奸诈、狡猾”。在这一点上，英汉语对于狐狸的寓意是相似的。例如：

as sly as a fox　像狐狸一样狡猾

a sly old fox　一只狡猾的老狐狸

Lily is as cunning as a fox. 莉莉狡猾得像一只狐狸。

狐狸再狡猾，也逃不过猎人的眼睛。

狐狸再狡猾，也要露出尾巴。

但是，在中西方文化中 fox（狐狸）的内涵也存在不同的地方。汉语中，狐狸还可以指代狐媚、强权等。例如：

狐狸精：指代的是卖弄风骚的女人。

狐朋狗党：指代勾结在一起的坏人。

狐媚：指代用于拍马屁的手段。

狐假虎威：指代倚仗权势欺压他人的做法。

但是相比之下，英语中的 fox 就没有这层含义。英语国家中的狐狸除了有狡猾的意思，还可以指代“精明”“俊俏”。例如：

crazy like a fox　一个精明的人，一个不轻易上当的人

wary foxy eyes　具有一双警觉的眼睛

甚至，西方有些人将 Fox 作为姓氏，表达了他们对 fox 的喜爱。

2.peacock 与孔雀

在英语中，peacock 的含义基本是否定的，指的是傲慢、炫耀自己、洋洋得意的人。例如：

proud as a peacock　像孔雀一样傲慢

They are peacocking in their bustle on. 他们都在炫耀自己的裙衫。

在中国，孔雀也有类似的意思，代表一种爱比美、有虚荣心的动物。例如：

孔雀爱羽，虎豹爱爪。

孔雀一亮相显得又矜持又傲气。

但除了这层含义之外，孔雀在汉语文化中还代表吉祥，尤其是孔雀开屏，有着大吉大利的含义。在中国云南傣族地区，他们用孔雀舞表达自身的愿望，但是这层含义在英语中是不存在的。

3.fish 与鱼

在英语中，fish 往往用来比喻人或国家。例如：

The new teacher is a cold fish. 这名新教师是一个冷漠的人。

Fish begins to stink at the head. 鱼烂头先臭。（指国家内乱）

当然，这一意思在汉语中也是存在的。例如：

现在人多手杂，鱼龙混杂。

其自亡奈何？鱼烂而亡也。

除了上面相同的含义外，汉语中的鱼与“余”同音，因此代表着富足的含义。这里，鱼就有了褒义色彩，即代表吉祥。在过年时，中国的餐桌上往往会有鱼，是因为家家期盼“年年有余”。但是，这层含义在英语中不存在。

二、英汉动物文化翻译

（一）直译：保留源语意象

所谓直译，即将源语中的动物文化意象直接翻译为目的语文化中的对等意象。由于人们对某些动物的情感有些共通性，因此在翻译时可以实现文化重合，进行意象的等值传递。例如：

A lion at home, a mouse abroad.

上例中包含两个动物意象：lion 与 mouse，而英汉两种语言中都可以用狮子形容凶猛，用老鼠形容胆小，因此可以直译为“在家如狮，在外如鼠。”

她只会鹦鹉学舌。

在上例中，鹦鹉在英汉两种语言中的意义基本一致，都可以用于指代某人没有自己的观点，缺乏主见。因此，可以将其直接翻译如下。

She just parrots what others say.

（二）转译：寻求功能对等

所谓转译，是指在目的语中存在一种动物意象能够与源语动物意象实现对等，这样做的目的是便于理解与把握。有时候，译者采用转译的翻译手法主要是因为源语意象并不能被读者理解与把握，且目的语中恰好存在与之相契合的对等意象，因此就用其加以替代，以便于目的语被理解。例如：

力大如牛　as strong as a horse

落汤鸡　like a drowned rat

拦路虎　lion in the way

瓮中之鳖　like a rat in a hole

（三）省译：意象减值传递

所谓省译，即对动物文化意象的减值传递，有些表示动物的词在英语中有着丰富的文化内涵，但是在汉语中并不存在；反过来同样如此，因此译者可以采用意象减值传递的手法，直接翻译出动物意象的内涵，也可以称为“释义法”。如 rain cats and dogs，由于汉语中并不具备与之对应的动物文化意象，因此翻译时只需要将意象省略，保留“倾盆大雨”即可；又如 a poor fish，英语中的 fish 可以指代特殊的人，但是在汉语中并不存在这一义项，因此可以将动物意象省略，直接翻译为“倒霉的人”，这样才能消除读者的阅读障碍。

第二节　英汉植物文化对比与翻译

大自然的绿色象征着生命，人类与植物有着密切的关系，依靠这些植物，人们才得以延续与发展。千百年来，人们将植物作为物质基础，并运用植物来表达情感与思想。因此，植物就逐渐具有了深刻的审美价值与文化意蕴。概括来说，人们对各种植物的态度、看法及各类植物所蕴含的意义反映的是该植物文化的基本内容。由于受文化背景、自然条件的影响和制约，各民族有着不尽相同的植物文化。下面就对英汉植物文化的对比及翻译问题展开探讨。

一、英汉植物文化对比

（一）相同植物具有相同的内涵

由于不同民族的历史传统、世界观等存在差异，对应的植物词语也必然不同，但是由于事物本身具有一致的属性，因此英汉两个民族对某些植物的认知是大同小异的。这就是说，在英汉语言中，存在着一些植物的文化内涵相同或相似。

1.olive 与橄榄树

无论在英语中还是汉语中，olive（橄榄树）都象征着和平。英语中有 hold out the olive branch，意思是“要求和平解决，向他人伸出橄榄枝”。汉语中也受到英语文化的影响，橄榄树也代表着和平、安宁。

2.oak 与橡树

在英汉两种语言中，oak（橡树）都代表着坚韧与刚毅。在英语中，有很多与 oak 相关的短语。例如：

a heart of oak　刚毅的人、勇敢的人

汉语中也是如此，可以通过舒婷的《致橡树》明确感受出来，诗人用“橡树”的“铜枝铁干”“伟岸的身躯”等形容男人的坚强与刚毅。

（二）相同植物既有相同内涵又有不同内涵

在英汉语言中，有些植物的词语概念意义相同，但是文化意义则部分相同，即有些是相同的，有些是不同的。

1.rose 与玫瑰

在英汉语言中，rose（玫瑰）都代表的是爱情，且汉语中的这一含义也是受到英语的影响。在情人节，恋人们往往互送玫瑰，表达对对方的真爱。英语中著名诗人彭斯的《一朵红红的玫瑰》就是这样的寓意。

My love's like a red, red rose,

That's newly sprung in June;

My love's like the melodie,

That's sweetly played in tune.

但是，除了代表爱情，玫瑰在汉语中还有其他的含义。曹雪芹《红楼梦》中的贾探春，被称为“玫瑰花儿”，这个称呼是说贾探春本身明艳动人，但是美中带刺。因此，汉语中的玫瑰可以用来形容人长得非常娇媚，但是性格上带刺，不太容易亲近。

但是，英语中并不具备这一含义，往往仅用于形容女人的美貌。roses in her cheeks（白里透红的面容）就是一个典型的例子。除了代表爱情与美貌外，rose 往往被西方人认为是高贵的象征，是“尽善尽美”的代表。例如：

a bed of roses　称心如意的生活

be roses all the way　万事如意，一帆风顺

gather life' s roses　寻求快乐，享受人生

come up roses　很顺利、很完满的事情

另外，英语中的 rose 还有“严守秘密”的含义。例如，under the roses 的含义为私下的、秘密的。这一习语出自罗马神话故事，女神维纳斯性情非常浪漫，喜欢恋爱，一天，当她沉醉于风流之时，被沉默神哈波克雷特撞见。这时，爱神丘比特来了，维纳斯怕哈波克雷特告诉丘比特，便捧着一束美丽的玫瑰花送给哈波克雷特，要求哈波克雷特保守秘密。哈波克雷特接受了礼物，并告诉维纳斯会保守秘密的。因此，玫瑰花就有了“严守秘密”的意思。但是，这一层含义在汉语中是不存在的。

2.orchid 与兰花

在英汉语言中，orchid（兰花）被认为是“美好事物”的代表。在英语中，orchid 代表着美丽，同样，汉语中兰花也代表着清丽脱俗，是完美的象征。但是，

汉语中的兰花还有着英语中没有的寓意。屈原的诗词“纫秋兰以为佩”是将兰花视作君子的象征，代表的是高洁的品质。《孔子家语》中这样描述：“与善人居，如入芝兰之室，久而不闻其香，即与之化矣……”[①]这段话，孔子将兰花与君子相关联，主张君子应该如同兰花一样，虽然在幽谷中生长，但是仍旧能够独立不倚，君子也应该立身处世，不求闻达、淡泊明志。同时，还表达出兰花的爱国情怀，表达一种坚贞不二、不屈不挠的意思。

3.peony 与牡丹

在英汉语言中，peony（牡丹）都代表着美貌。英语中有 to blush like a peony，意思是“双颊绯红”。汉语中的牡丹也有着“国色天香”的意思。在开元时期，唐玄宗李隆基与杨贵妃夜间游玩，命令李白赋诗，李白用牡丹比喻杨贵妃，形容杨贵妃的美貌。

除了美貌的寓意外，汉语中的牡丹姿态优美、颜色鲜艳，给人以雍容华贵的感觉，因此其不仅代表的是魅力，还代表着繁荣昌盛、幸福吉祥。牡丹也就有了“富贵花”的称呼。

4.lily 与百合花

在英汉语言中，lily（百合花）代表的是纯洁。英语中从“天使报喜图”中可以体会 lily 在他们心中的含义，即前来报喜的天使都会携带一枝百合花，跪在那里祈祷的圣母玛利亚前面摆着一个花瓶，里面也有一枝百合花，她的丈夫也拿着一枝百合花，将圣母玛利亚与百合花相关联，传达出圣母玛利亚高贵、纯洁的品质。在汉语中，茹志鹃的小说《百合花》中反复强调绣着百合花的被子，代表的是纯洁的心灵。除此之外，英语中的 lily 还可以代表美貌。例如：

as fair as an lily　如百合花一样美丽

lilies and roses　美貌

paint the lily　画蛇添足，过分修饰

gild the lily　徒劳无益

同时，英语中的 lily 还代表白色，如 lily-white 指的是皮肤洁白的人或者纯白种人。汉语中，百合被认为是传统的吉祥花卉，有“百事合心”这样的寓意。

（三）相同植物具有不同的内涵

由于文化传统、世界观等因素的差异，英汉两个民族对于某些植物会产生截然不同的文化意义。

---

① 吴小维．常见典故千条释译[M]．北京：新世界出版社，1993．

1.daffodil 与水仙

英语中的 daffodil 是道德的象征，代表的是一种自我欣赏、傲慢、自尊自大。在希腊神话中，那喀索斯（Narcissus）是一位美少年，但是他只爱惜他自己，对他人不关心，回声女神厄科向他表达爱意，他直接拒绝了她，之后厄科逐渐憔悴，躯体消失，只留下山林中的回声。爱神阿弗洛狄特为了惩罚那喀索斯，让他迷恋上自己的倒影，最后憔悴而死，死后化成了水仙花。因此，daffodil 有了与 narcissus 同样的寓意。另外，英语中的 daffodil 还可以代表春天与活力。

汉语中的水仙花是“花草四雅”之一，在我国已经有 1 000 多年的培育历史了，从宋朝以来，有很多歌颂水仙花的诗词。水仙花在诗词中被认为是“凌波仙子”，代表的是轻盈漫步的仙子，因此有了“高雅、脱俗”的含义。

2.crab apple 与海棠

英语中的 crab apple 与我国的海棠品种不同。英语中的 crab apple 指山楂，口味比较酸涩，人们常用其来比喻“孤僻的人、性格不随和的人”。

在汉语中，海棠是娇艳动人、风姿绰约的代表，其中有的红中有白，有的白中泛红，如同少女的脸颊。因此，海棠花的第一个寓意就是“美貌”。例如，唐朝诗人何希尧的《海棠》一诗中有“著雨胭脂点点消，半开时节最妖娆”的描写，诗人将半开海棠的娇娆展现在读者面前，其如同一位娇羞的少女，在春雨中那样的楚楚动人。另外，海棠花的第二个寓意是春天来临，给人以春意盎然的感觉。例如，宋朝王选的《海棠》中有“海棠开后月明前”的诗句。

3.rhodora 与杜鹃

英语中的 rhodora 代表的是“美丽”，在汉语中，杜鹃不仅指的是杜鹃花，还指杜鹃鸟。相传杜鹃花是由杜鹃鸟啼血演变而来的。杜鹃花有“花中西施”的美称。

4.willow 与柳

英语中的 willow 指代的是悲伤、悲哀的含义，尤其指代的是某人丧失配偶时忧伤的心情。例如,the green willow,to wear the willow 都代表悲伤与失恋。

在汉语中，杨与柳可以混称为一种植物，即杨柳。其文化寓意也非常丰富。其一，柳与“留”谐音，因此代表一种离别、留恋的意思。古代人常用折柳代表赠别。其二，寄托思念，如“杨柳依依，今我来思”表达的是戍边战士对家人的一种思念之情。同时，汉语中的柳还可以表达女人的美貌。例如：“柳腰”指代女子纤细柔软的腰身，“柳眉”指代女子美丽的眉毛。

二、英汉植物文化翻译

（一）意译：保留原文风味

一般，为了考虑读者的接受程度，往往需要保留原文的风味。因为，如果采用直译手法，会导致读者无法理解。因此，译者需要考虑原文与译文的文化差异，翻译时选择与目标语接近的词语，将原文的意义表达出来。例如：

苦如黄连　as bitter as wormwood

如果将其翻译为 as bitter as coptis，会让目的语读者感到奇怪，也很难理解深刻，翻译为 as bitter as wormwood 更为恰当。

The idea that such a tomato might be involved in murder was terrible.

这么一位漂亮的女人竟然会卷入谋杀案件中，真是可怕。

如果将 tomato 翻译为西红柿，译为“这么一个西红柿竟然卷入谋杀案中，真是可怕。”会让人贻笑大方的，显然目的语读者不会理解。

（二）直译：保留原文形象

一些表示植物的词在英汉语中的联想意义基本相同或者相似，这时候直接采用直译的手法进行翻译，能够将原文的形象保留下来。例如：

sour grapes　酸葡萄

a stick and carrot policy　大棒加胡萝卜政策

hold out the olive branch　抛出橄榄枝

第三节　英汉山文化对比与翻译

在自然界中，山是最不容易改变的物体，山也是在地表上最为明显的物体。由于英汉不同民族所处的地理位置的差异，导致他们对山文化的认知也不同。尤其是在中国，山有着独特的内涵。因此，下文首先分析英汉山文化的区别，进而探讨具体的翻译问题。

一、英汉山文化对比

（一）英语中的山文化

相较于中国山文化的丰富，西方的山文化仅作为一种自然现象出现，是客观的，且关于山的描写，西方的文章中也并不常见。这主要是因为，西方哲学主张天人二分、人定胜天，因此带有浓重的抽象思维与客观思维。基于这一点，西方人对山的欣赏仅限于客观层面。

第一，表示“地面形成的高耸部分”。例如：

mountain areas　山区

mountain top　山顶

mountain ridge　山岭

第二，表示“许多、大量”。例如：

a mountain of work　堆成山的工作

grain mountain　堆成山的谷物

第三，比喻“费力，任务艰难”。例如：

English is his mountain.

英语是他的高山。

上述例句将“英语”比作“高山”，比喻要学好英语，必须费尽艰辛。

可以看出，在西方文化中，mountain 并没有被赋予很多的象征意义，也没有汉语中“山”的文化义项。就英国而言，山只是一种自然现象，而且英国四面环海，在英国的经济发展过程中，人们更多地依赖于海，所以形成的文化是典型的“海洋文化”。

（二）汉语中的山文化

1. 传达情感

对于山文化，自古至今很多文人墨客通过文学来呈现，而文学即人学，人学最集中的体现在于传达情感。因此，文人墨客眼中的山文化就成了传达情感的必需品，有些人用山来表达喜悦，有些人用山来表达思念，有些人则用山来表达一种宁静的心态。例如：山中咸可悦，赏逐四时移。

上面这句诗出自沈约的《游钟山诗应西阳王教》，通过该诗句可以看出诗人觉得登高才能看到美丽的景色，从而让内心产生审美愉悦的感觉。

2. 意蕴多样

山文化的多样性不仅仅指的是组合形式的多样，还指的是山文化意蕴的多样性。也就是说，意蕴并不是单一的，而是不断变化的，甚至呈现多层次性。例如，山与松结合，既可以呈现神仙世界的浪漫，也可以表达坚贞不屈的性格。再如，同一座山，不同的诗人会选择与不同的意象结合，有的习惯与风、有的习惯与鸟、有的习惯与隐士等，这些组合的意象不同，代表的山的意蕴也会不一样。

3. 意象传承

对于意象的传承，这一点是非常容易理解的。众所周知，人们共有的情感类型即喜怒哀乐，而对于某事的观点、看法等，如大部分人都认同人应当保持正直，这甚至成为人们的共识，不轻易对这一观点进行改变。因此，传承性就在这之中体现出来。

另外，很多人都会忽略一个重要的层面，即山的传承性与其对应的自然界原型的物理特征紧密相关。正如人们所知道的常识，山是千百年来不容易改变的物体，即始终在一个地方固定，即便出现板块位移，其具体位置可能会发生些许变化，但是总体上基本不变。同时，山所蕴含的特征，如高大、树木繁茂等也不会发生改变。

二、英汉山文化翻译

（一）英语中山文化的翻译

通过上述内容可知，在英语中，山并没有特别丰富的文化含义，多是对客观事物的描写，在翻译时就可以采用直译法。例如：

Mother father is higher than the mountains, deep than the sea.

父恩比山高，母恩比海深。

（二）汉语中山文化的翻译

1. 直译

虽然汉语中的山有着丰富的文化内涵，但都与其本身的物理特征紧密相关，这些物理特征也被西方人所认可，因此在翻译时可采用直译法，通过上下文语境西方读者也能理解山的文化内涵。例如：

枕前发尽千般愿，
要休且待青山烂。

水面上秤锤浮，
直待黄河彻底枯。
（唐无名氏《菩萨蛮·枕前发尽千般愿》）
On the pillow we make a thousand rows and say,
Our love will last unless green mountains rot away.
On the water can float a lump of lead,
The Yellow River dries up to the very bed.（译文）

对于翻译原文中的“青山”，译者采用直译法将其译为green hills，这样既能表达原文形象，也便于读者理解。

2.着色

因季节以及光照的变化，山常常会呈现出不同的颜色。在对山进行描写时，作者常会通过山的色彩来创造不同的意境。在翻译时，译者就可以从山的颜色入手，进而准确传达原文的含义与情感。例如：

天平山上白云泉，
云自无心水自闲。
何必奔冲山下去，
更添波浪向人间。（白居易《白云泉》）
Behold the White Cloud Fountain on the Sky-blue Mountain!
White clouds enjoy free pleasure；water enjoys leisure.
Why should the torrent dash down from the mountain high,
And overflow the human world with waves far and nigh？（译文）

对于翻译原文中的“天平山”时，通过着色法将其译为Sky-blue Mountain（天蓝色的山），这样不仅与“白云泉”颜色相搭配，而且将原文中和谐、宁静的氛围充分地表达了出来。

第四节　英汉水文化对比与翻译

水是生命之源，其代表着多个意境，可能是清澈的水，可能是拍岸的水，可能是无声的水。对于水的描述，中西方文化中有着不同的观点。且随着时代的变迁，英汉水文化被赋予了不同的意境，因此下面就详细分析英汉水文化的对比与翻译问题。

一、英汉水文化对比

（一）英语中的水文化

作为人类生命的依托，人类的生存必然离不开水这一物质载体。在西方文化中，也有着这样的传说，即有人遇到洪水后能够重生。关于水，西方有如下两点理解。

1．水是生命之源

《圣经·创世纪》有一个众所熟知的故事——诺亚方舟，这个故事就讲述了在洪水中再生，即洪水滔天、万物灭绝，而人类中一个叫诺亚的好人重返大地，并使得大地繁衍生息。

英国现代派诗人托马斯·艾略特（Thomas Eliot）的《荒原》中，用大地干旱龟裂、草木枯竭来形容人类的理想和信仰等逐渐消失，也预示着人们对活命的水的期待和盼望，对救世主与再造灵魂的期盼，而突然而来的闪电与甘霖，预示着水的到来，也成就了生命的重心。

2．水是情感与诗化

西方国家多围绕海洋而生，但是在西方文学史上并不存在“海洋文学”这一说法，但是很多优秀的文学作品中渗透着海洋文明的特色。例如，古希腊荷马史诗中的《奥德赛》，导致海洋文学诞生。奥德修斯漂泊于海上，并经历了多个故事，这些故事虽然具有了神话色彩，但是展现了一个明确的对象，即人与自然的斗争过程。这也标志着西方历险文学的开始，也是人们探求世界的原型。

中世纪，在盎格鲁－撒克逊的民族史诗《贝奥武甫》中，也存在大海这一形象，但是在这一故事中，大海成了海怪的庇护场所，蕴藏着杀机与危险，也给人们带来了巨大灾难。

在阿拉伯民间故事《一千零一夜》的《航海家辛巴达》中，主人公为了探求新的知识与财富，在大海中航行，经历了艰难险阻。

（二）汉语中的水文化

1．流水喻离别

古人一般会临江作诗送别亲人、朋友，表达对亲人、朋友即将远行的离别愁绪。例如唐代词人温庭筠的《望江南·梳洗罢》一词中有这样的描述：“梳洗罢，独倚望江楼。过尽千帆皆不是，斜晖脉脉水悠悠，肠断白蘋洲。”在这首词中，悠悠流水中倒映着余晖，映射出妇人期待丈夫归来的寂寞情感。

2. 流水喻剪不断的愁绪

古代的诗人有着兼济天下的抱负和理想，但是在现实中往往遭遇坎坷，人生不得志，一生穷困潦倒。而流水的潺潺恰好能够形容这种心情挥之不去。“问君能有几多愁，恰似一江春水向东流”[①]这句诗表达了南唐后主李煜深深的亡国之愁。

3. 流水喻流逝不返的时光

流水一去不复返，比喻人生易逝、生命短暂。如《将进酒》中的诗句：君不见，黄河之水天上来，奔流到海不复回。君不见，高堂明镜悲白发，朝如青丝暮成雪。

黄河之水从天而降，奔向大海，不再回还，人生也如同大海奔流一样，如此短暂，朝朝暮暮之间就满头白发。形容一个人的青春短暂，一去不复返。

4. 流水喻爱情的阻隔

在人类的文化心理中，流水不仅扮演着可爱的角色，有时候也代表着可恨的角色。人的生活离不开水，因此很多人选择邻水居住，那么水边就成为男女相会的场所。但是，古代的思想比较保守，很多时候男女不能私会。如《诗经·蒹葭》中的诗句：所谓伊人，在水一方。这句诗就描写了男女之间谈恋爱的艰难，有水的阻隔，再加上正逢秋季，因此给人以惆怅之感，让人可望而不可即。

5. 流水喻万物依附的母体

中国古代的文化传统就是崇尚自然，诗人往往会寄情于山水，对山水的讴歌实际上抒发的是个人的情感，给人们创造出一种优美的境界。例如：“日月之行，若出其中；星汉灿烂，若出其里。”[②]这句诗出自三国时期曹操的《观沧海》，通过大海的气势来表现一种波澜壮阔之感，也表达出作者统一天下的雄心壮志。

二、英汉水文化翻译

（一）英语中水文化的翻译

英语中对于水多为描写性的表达形式，表达出作者的所见，是烘托作者感情色彩的重要意象。针对英语中这种水文化概念，译者可以采用直译的形式，从而表达出作者的意思。例如：

---

① 秦言. 中国历代诗词名句典[M]. 北京：中国商业出版社，2011.

② 王昶. 古典诗词曲名句鉴赏[M]. 太原：山西经济出版社，2012.

Water is the eye of landscape.

水是风景的眼睛。

（二）汉语中水文化的翻译

1. 直译

在翻译汉语中的水文化时，可以采用直译法，也就是说“水”可直译为 water，river，stream，直译后“水”的文化内涵会基本得以保留。例如唐代诗人李白的《望庐山瀑布》一诗，中英文对比如下：

日照香炉生紫烟，遥望瀑布挂前川。

飞流直下三千尺，疑是银河落九天。（原文）

The sunlit Censer perk exhales a wreath of cloud；

Like an upended stream the cataract sounds loud.

Its torrent dashes down three thousand feet from high；

As if the Silver River fell from azure sky.（译文）

2. 转移

灵动的流水能够给人丰富的审美和创造空间，同时会让人产生一些理解空白。为了填补这些空白，并将水的烘托效果充分表达出来，译者可采用转译法进行翻译，也就是在句内进行一些语义转移。例如唐代诗人严维的《丹阳送韦参军》一诗中英文对比如下：

丹阳郭里送行舟，一别心知两地秋。

日晚江南望江北，寒鸦飞尽水悠悠。（原文）

At the outer wall of Danyang，I see your boat go，

Knowing in both hearts of our sorrows will grow.

From the south of the river I look at the north，

And only see crows flying over the cold waterflow.（译文）

原文满是离情别绪，并通过水这一物象进行烘托。为了将这种艺术美感充分表现出来，译者将“寒”的语义转移到了江水之上，将其译为 cold waterflow，充分地表现了作者的凄凉与失落之感。

3. 替代

在汉语文化中，水的文化内涵十分丰富，很难直接用英语来表达，此时可以尝试采用替换法，这样可以有效消除语言障碍，还能让读者感受到原文的意境。例如唐代诗人王维的《山居秋暝》一诗的翻译：

空山新雨后，天气晚来秋。

明月松间照，清泉石上流。(原文)

After the rain had bathed the desolate mountain,

The fresh evening air blows the breath of autumn.

Into the forest of pines the moon sheds her lights;

Over the glistening rocks the spring water glides. (译文)

译者并没有将原文中的“流”翻译为flow，而是替代为glide（滑动），从而将水的灵动、轻盈表现得惟妙惟肖，这样可以便于读者更加深切地体会原文的美好意境。

第五节　英汉颜色文化对比与翻译

一、英汉颜色文化对比

（一）red与红

不管在中国还是英语国家，红色都象征喜庆和吉祥。red-letter译为“喜庆的”。铺上红地毯表示对客人的尊敬和欢迎，所以roll out the red carpet（铺展红地毯）就意味着隆重的欢迎。英语red的引申意义为“残忍、灾难、烦琐、狂热”等，这与汉语中的“红”不对应。例如：

have red hands　犯杀人罪

red ruin　火灾

a red battle　血战

red herring　题外话

see red　生气

在汉语中，“红”为褒义词，象征吉祥喜庆、兴旺富裕、欢乐等，如开门红、满堂红、红娘、红榜、红利、红火等。此外，汉语中的“红”也有“忠义、直接”的意思，如“红脸关公”就象征忠臣。中国古代常用“红颜”“红粉”指代面容姣好的女子，用“红闺”“红楼”指富贵人家女儿的闺阁。

（二）white 与白

white 在西方是一个深受崇尚的颜色，在《圣经》中，天使长着洁白的翅膀，头上顶着悬浮着银白色的光环。因此，在英语中 white 具有“吉利、纯洁、公平”以及“无恶意”的内涵。例如：

a white day　吉日

a white lie　无恶意的谎言

a white soul　纯洁的心灵

white spirit　正直的精神

在汉语中，“白”的文化内涵有“哀悼、错误、徒劳与徒手、反动与可恶”。例如，“红白喜事”中的“白”指丧事；经常写错或者念错汉字的人称作“白字先生”；原来没有基础，靠艰苦奋斗创立起新事业称为“白手起家”；反动军队称作“白军”“土匪”；反动势力对革命的疯狂镇压称作“白色恐怖”。“白”暗含“奸邪、阴险”，如在京剧中秦朝的赵高、三国时期的曹操都是画“白脸”。

（三）black 与黑

在英汉两种文化中，black 和“黑色”的意义基本相同，均会让人联想到哀伤，均有悲哀的意思。比如，英美国家的人会穿黑色礼服参加葬礼，中国人在葬礼上要戴黑纱。此外，不管在英语还是汉语中，黑色多与贬义有关。例如，英语中的 black spot（事故多发地段），black man（恶魔），black future（暗淡的前途），black sheep（害群之马）等；汉语中有“黑市”“黑心肠”“黑幕”“黑店”“黑货”“黑名单”等。

二、英汉颜色文化翻译

（一）直译法

英汉两种语言中对颜色词的相同用法使直译这种方法成为可能。在很多情况下，直译法可以更好地保留原文风格与修辞效果。例如：

the Scarlet Letter　《红字》

red figure　赤字

This is a big red apple.

这是一个又大又红的苹果。

We can’t call black white.

我们不能颠倒黑白。

Players don't like yellow cards.

运动员们不喜欢黄牌。

（二）替换法

有时英汉两大语言体系会用不同的颜色词表达同一个含义。为了可以恰当地传达出源语词的含义，并且同时保留相同的修辞色彩，我们可以用一些有相似含义的不同颜色词。例如：

black tea　红茶

pink eyes　红眼病

You are looking green.

你脸色看起来很苍白。

In China, people like drinking purple wine at the Spring Festival.

在中国过春节时，人们习惯喝红酒。

（三）添加法

添加颜色词即在源语中没有出现颜色词，但译者可以根据表达习惯，自行增添一个或几个颜色词。例如：

He didn't try in vain.

他没有白干。

Her eyes became moist.

她眼圈红了。

（四）删减法

英汉颜色词之间的差异会造成内涵意义的不等值。在这种情况下，我们要使用删减颜色词的翻译方法。例如：

He is too yellow to stand up and fight.

他太胆怯而不敢起来抵抗。

Mary looks blue today.

玛丽今天闷闷不乐。

第六章　英汉地域文化对比与翻译

本章内容为英汉地域文化对比与翻译，主要包括英汉方位词文化、英汉地名文化、英汉景点命名文化和英汉旅游文化的对比与翻译。

第一节　英汉方位词文化对比与翻译

文化具有十分广泛的范畴，地域文化是文化中不可或缺的组成部分，每个民族的地域文化都具有深厚的内涵，并体现出自己的特色。因此，在翻译过程中遇到与地域文化相关的信息时，必须准确把握其深层含义，这样才能全面保障译文的质量。下面将具体探讨方位词、东风、西风这三个方面的内容。方位在人们心目中从来就不仅仅是单纯的空间概念，它跟人们的思想观念、风俗习惯、日常生活等都息息相关。英汉语的方位词是一种非常独特的语言成分，不仅可以表示具体的方位，还具有极其丰富的文化内涵。其独特的文化内涵反映了古代先民对自然界的独特认知方式，其象征意义远远延伸至方位处所以外。例如，汉族的人们一起聚餐时谁坐在主位，举行会议时哪些人该坐上面，都有一定的讲究。所谓方位词，指表示事物在空间所处的位置及其关系的词，如“上、下、左、右、前、后、里、外、东、西、南、北”等。其中“东、南、西、北、上、下”等方位词在古老的甲骨文中就已经有记载。

一、“东南西北”英汉对比与翻译

（一）“东”与“西”

1．“东”

“东”在汉语文化中有着特殊的含义。东方被认为是太阳升起的地方，因此在汉语中有很多关于东方和太阳的表述。例如：

东乌：东乌是太阳在古代的称呼。

东君：东君在汉语中有太阳神的意思。

在中国传统文化的影响下，“东”字的表达更加丰富，其在方位词中的主要地位被确定。“东”字代表着权势和地位。例如：

房东（房屋的所有者）

东宫（古时太子的宫殿）

在西方文化中，和east的单纯方位含义相比，其文化韵味更加独特。例如，西方复活节的英文名称为Easter。

2.“西”

与“东”相对，在汉语文化中，西方代表着太阳落山的方向。因此，“西”的含义常常带有寒冷、黑暗等消极的意味，是死亡、不祥、恐怖的象征。例如：一命归西、乘鹤西去、剪烛西窗、西山日迫、西风残照。

汉语文化中的“西”与“东”的主位相对，代表着“宾位”，在表达中也十分常见，如西宾、西客。

在英语文化中，west有浓重的精神信仰韵味，通常用来指面向圣坛的另一端，但是需要指出的是，与east不同west的消极含义更多。例如：

go west　去世

western wall　西墙（指哭墙，为耶路撒冷旧城内的一古墙遗址，是犹太教徒朝拜、祈祷之地）

（二）“南”与“北”

“南”与“北”作为相对的两个方位词，在中西语言中也经常出现，但是其文化内涵却有着很大的差异。

英语中的south和north，主要指的是方位，并没有太深的文化内涵，需要指出的是，英语中的south和north相比，其消极含义略多。例如：

the South　南方不发达国家

the North　北方的发达国家

go south　每况愈下

汉语文化中，“南”和“北”的文化内涵较为丰富。我国古人认为，“东”乃万物生之所，“南”乃万物长之地。由于万物的生长都要依靠太阳光照的力量，向阳处因日照时间长，因此草木茂盛，有欣欣向荣之态。以南为尊的思想还体现在中国的房屋建筑上。早在六千多年前的仰韶文化时期，房屋的基本走向便是坐北朝南。其后，我国封建时期很多宫殿和庙宇也都是南向的。

“北”字本为会意字，像是两人背对背的形状，表示人的背部。作战时，冲锋者面向敌方，败逃者背向敌方。根据这个描述，汉语中的“北”引申出了失败之意，如败北、追北、逐北等。我国古代北方多为政治中心，因此在语言表述过程中出现了南下北上的说法。一般来说，“北上”指的是“从政”，“南下”指的是“经商”。

二、“上下”英汉对比与翻译

英汉语言中的方位词“上下”（up、down）的空间隐喻概念都可以喻指数量的多少。根据人们身体的相似经验，现实空间中的上下位置与数量多少有着直接关系。在一堆物品上添加东西，数量就会增多，相应的高度也会不断增加；但从一堆物品上取走东西，数量就会减少，相应的高度也会随之下降。

在汉语语言中，数量多少不但可以用数字来表示，而且可以用方位词“上下”的空间隐喻表示，如汉语中常说的“房价上涨”“股市行情下滑”等。在英语语言中，数量多少的表示方法与汉语语言比较相近，即“up”表示数量较多，“down”表示数量较少，如“Grain output increased by fifteen percent this year.”“The total population is down.”。从中可以看出，不管是汉语语言还是英语语言，在数量表达方面都是以“上”（up）喻指增多或上升的意思，以“下”（down）喻指减少或者下降的意思。

在人类社会，权力与地位成正比关系，即权力越大地位越高，权力越小地位越低。反之，社会地位越高或者等级越高的一类人通常会被放置于较高位置，社会地位越低或者等级越低的一类人通常会被放置于较低位置。比如，在英语语言使用国家，常用“top”“rise”“lofty”等表示“上”方位的词喻指地位较高的人；在中国，也常用位高权重、上位、高官厚禄等表示“上”方位的词喻指地位较高的人群。相反，英语中常用“fall”“bottom”等表示“下”方位的词喻指处于较低社会地位的人或事物，如“He fell in status”；汉语也是如此，常用“下层人民”“下级”等表示“下”方位的词喻指人或事物的较低社会地位。所以，英汉方位词“上”在地位域中的空间隐喻意为地位较高，“下”在地位域中的空间隐喻意为地位较低。

在英语中，人们可用“上下”来表述时间，这种“上下”的隐喻模式存在两种情况。在第一种隐喻模式中，说话者面向将来，处于静止状态，时间被表征为运动者，它沿着时间轴从将来向过去移动，其中过去的时间位于时间轴线的上方，而将来的时间则位于时间轴线的下方，此时“上”和较早或者过去的时间相联系，“下”和较晚或者将来的时间相联系，例如：

This tradition has been passed down from generation to generation.

在第二种隐喻模式中，说话者面对将来并且被表征为运动者，时间被表征为处于静止状态，个体沿着时间轴从过去向将来移动，在这种表征图式中，“上”和较晚或者将来的时间相联系，而“下”和较早或者过去的时间相联系，例如：

We will continue to study English up to the future.This year went down in the family history.

在汉语中，“上”“下”是指事字。“上”字，其古文字在一长横之上作一短横，表示位置在高处，所以是“上”。“下”字，其古文字在一长横之下作一短横，表示位置在低处，所以是“下”。因此，上、下是指事字，属于独体字，是所谓的初文。“上”的意思是，位置在高处的，与“下”相对；由低处到高处。“上”的这种最基本的用法在上古就见运用。例如，“秦昭王令工施钩梯而上华山。”(《韩非子·外储说左上》)“上”表示“由低到高”。“爬上楼”“走上讲台”中的“上”都表示“由低处到高处”。例如：

凤姐儿听了，款步提衣上了楼，见尤氏已在楼梯口等着呢。(曹雪芹《红楼梦》)

Xifeng gathered up her skirts to mount the stairs and found Madam You waiting for her the landing. (译文)

“下”则表示“由高到低”。“跳下台阶”“掉下眼泪”“吃下面包”“吞下苦果”等中的“下”都表示“由高处到低处”。例如：

我那时也只像他们姊妹这么大年纪，同姊妹们天天玩去。那日谁知我失了脚掉下去，几乎没淹死，好容易爬上来，到底被那木钉把头碰破了。(曹雪芹《红楼梦》)

I was no bigger than these girls at that time and I used to play with my sisters there everyday.Once I slipped and fell into the water and nearly drowned！ They managed to pull me out, but a wooden bolt had gashed my head. (译文)

三、英汉东西风文化对比及翻译

（一）英汉东风文化对比

1.东风

概括来说，“东风”在汉语中的文化内涵主要体现在以下几个方面。

（1）春天

汉语中有“东风报春”的说法，这是因为东风常在严冬过后到来，所以东风的到来意味着春回大地、万物复苏。例如：

盼望着，盼望着，东风来了，春天的脚步近了。（朱自清《春》）

（2）温暖、生机

中国东临太平洋，西靠高山。所以，来自东面大海的东风给大地带来一片生机，暖意洋洋。

（3）革命力量

东风在革命战争年代常常指代“革命的力量或气势”。在毛泽东的著名论断“东风压倒西风”中，“东风”喻指革命力量，“西风”喻指反动势力，毛泽东借此来暗示反动势力必然被革命力量压倒。

2.east wind

英国是个岛国。从地理位置来分析，英国西临大西洋，东临欧洲大陆。每到冬季，英国人所感受到的刺骨寒冷就来自北欧的“东风”与“东北风”。可见，英语中的 east wind 并不是一个令人欣喜的词。

（二）英汉东风文化翻译

1.直译法

在翻译中西东风文化时采取直译法，可以使译入语读者直观、简洁地感受原文的含义。如唐代诗人贾至的《春思二首·其一》一诗的翻译：

草色青青柳色黄，
桃花历乱李花香。
东风不为吹愁去，
春日偏能惹恨长。（原文）

The yellow willow waves above; the grass is green below.
The peach and pear blossoms in massed fragrance grow.
The east wind does not bear away the sorrow at my heart.

Spring's growing days but lengthen out my still increasing woe.（译文）

本例将原文中的“东风”译为 east wind，采取的是直译法。近年来，英汉文化的不断交融使汉语“东风”的含义被越来越多的英语读者所了解。在这样的情况下，直译法不仅不会带来理解上的偏差，还能将原文风格更好地体现出来。

2. 意译法

原文中的“东风”在很多情况下并不表示其本意，而常用来表达一些特殊的含义。因此，译者应在准确把握作者写作意图或上下文语境的基础上采取意译法，从而使译语读者更好地体会原文的深刻内涵。例如：

草木也知愁，韶华竟白头！叹今生谁舍谁收？嫁与东风春不管，凭尔去，忍淹留。（曹雪芹《红楼梦》）

The willow too knows what it is to yearn；

In early prime her head turns white，

She laments her life but has no one to whom to turn.

The spring breeze to whom she is wedded no pity will show，leaving it to chance whether to stay to go.（译文）

本例采取意译法，将“东风”译为 the spring breeze，将原文的文化内涵真实地展现出来。

（三）英汉西风文化对比

1. 西风

从整体上来看，中国西部地区大多是高山或高原地貌。当进入秋冬季节时，万物凋零、草枯叶败，从西北方吹来的寒风不禁让人徒增伤感。所以，“西风”在汉语中常用来表达负面含义。例如，“谁念西风独自凉？萧萧黄叶闭疏窗。”此外，汉语中的“西风”还象征着日趋没落的腐朽势力。

2. west wind

英国人通常对 west wind 非常偏爱。每到春夏两季，来自大西洋的西风都会给欧洲大陆带来充沛的雨水与勃勃的生机，这是欧洲最舒适、最温暖、最湿润的季节。对西风的赞美之情在很多英语诗歌中都可以体会到。例如：

O，wind，if winter comes，can spring be far behind？

啊，西风，假如冬天已来临，春天还会远吗？

本例中，诗人除表达对西风的喜爱之外，还传达出对未来的憧憬与坚定的信念。

（四）英汉西风文化翻译

1. 直译法

直译法能够将原文含义直观地呈现出来，从而使译入语读者快速接受、理解原文的信息。例如：

It's warm wind, the west wind, full of birds' cries,
I never hear the west wind but tears are in my eyes,
For it comes from the west lands, the old brown hill,
And April's in the west wind, and daffodils.

那是一种温暖的风，西风吹时，万鸟争鸣；
一听西风起，我眼眶中泪盈盈，
因为它是来自西土，那褐色的故乡边，
春天就在西风中到来，还有水仙。（译文）

本例采取直译法，使译入语读者充分感受到了诗人对故乡的思念之情。

2. 意译法

当原文具有深厚的文化内涵时，采取意译法不仅能够带领译入语读者更好地领略原文的意境，还可将其深层含义传译出来。例如：

Thine azure sister of the spring shall blow,
Her clarion o'er the dreaming earth.

但一朝，你那东风妹妹回来，为沉睡的大地吹响银号。（译文）

本例采取意译法，将 sister of the spring 译为“东风妹妹”，既与汉语的表达习惯相一致，又与诗歌主题“西风颂”相呼应。

第二节　英汉地名文化对比与翻译

地名是对社会发展与变迁过程的记录，蕴含着丰富的文化内涵，体现着一个国家的民族文化。旅游类材料中不可避免地会涉及地名，下面就来探讨英汉地名文化差异与翻译。

一、英汉地名文化对比

地名具有一定的形态和意义。地名的形态是指，地名可以用语言文字记录下来，具有一定的词汇结构，从而遵循一定的语言规律，构成语言的一部分。地名的意义既包括其最直接的意义（即指称意义），又有其词源意义（etymological meaning）。因为地名的命名是有其依据的，或依据地貌特征，或依据社会人文特点。例如，Europe 的指称意义是欧洲大陆，而其词源意义来自希腊神话中的美女欧罗巴（Europa）的芳名。

（一）以人物命名

1. 英语地名

为了纪念本国或别国历史上著名的拓荒者、政治家、军事家、科学家等，西方的很多地名都是以他们的姓氏或名字来命名的，这种地名命名方式在西方非常普遍。例如：

Madison（麦迪逊），这个美国城市地名是以美国第四任总统麦迪逊的名字命名的。

Washington（华盛顿），这个美国城市地名是以美国第一任总统华盛顿的名字命名的。

Lincoln（林肯），美国有 40 多处县、市、山脉、公园用此名，这是以第十六任总统林肯的名字命名的。

Brantford（布兰特福德），这个地方位于加拿大安大略省东南部，是以美国独立战争时莫霍克印第安人领袖布兰特（Brandt）的名字命名的。

Seattle（西雅图），这是美国著名的工业城市，印第安人很早便在这里狩猎和捕鱼，后来一批伊利诺伊州的白人探险者来此地定居，为纪念当地的印第安部族的西雅图酋长，人们便以他的名字给此地命名。

Stockton（斯托克顿），这个美国地方是以美海军军官、参议员斯托克顿的名字命名的。

Mitchell，Mount（密契尔山），这个美国山脉就是以美国著名地质学家和植物学家密契尔（Mitchell）的名字命名的。

西方公众有深厚的成就崇拜和英雄崇拜的心理积淀。个人成就是所有西方人价值观中评价最高的价值之一。所以，西方很多地名以个人名字命名。

2. 汉语地名

中国古人出于对君主和长辈的敬重，都忌讳谈论或者写出他们的名字，所以用其名字为地方命名就更加不被允许。如果有地名与帝王及皇族的名字相同，也必须避讳而更改，李德清编著的《中国历史地名避讳考》一书，记载了因避讳而更改的地名达几百例。因此，以人名为地名在中国古代颇为罕见。到了辛亥革命以后，由于中西文化的碰撞和交流，以人名命名地名的现象才开始多起来。例如：

中山，自从 1925 年伟大的民族英雄孙文（号中山）的故乡广东香山县更名为“中山县”以后，全国各地以“中山”命名的街道、公园等陆续出现，还有以中山命名的大学，这都是为了纪念孙中山先生的丰功伟绩，他是中国拥有纪念性地名最多的人。

目前保留的县以下的人名地名多是以革命先驱和烈士的名字命名的，此类地名为数不多。例如：

雷锋镇，位于湖南省望城区，以雷锋的名字命名。

刘胡兰镇，以刘胡兰烈士的名字命名。

宗汉乡，位于慈溪，以辛亥革命时期的马宗汉烈士之名命名。

中国的姓氏地名出现也很早，以姓氏命名的村落或城市也比较多。中国古代文化属于宗法制的农业社会类型，宗族是中国社会构成的重要支柱。宗法社会的人们往往按姓氏聚居，为了邻里和睦相处、团结互助，便于宗族礼教管理，实现社会和谐安定，其地名往往冠以族姓，如金家堡、黄家寮、赵家沟等地名比较常见。这是中国地名命名的重要特征。

（二）以美好愿望命名

人类有很多共性，其中之一便是对美好和幸福的追求。所以，中西方国家在给地方命名时，也会寄托着这种对美好的追求。

1. 英语地名

祈愿地名在西方各国也比比皆是，如美国的寓意着远见的普罗维登斯(Providence)、寓意着和平的康科德（Concord)、寓意着大同的新哈莫尼（New Harmony）和寓意着憧憬的霍普维尔（Hopewell)，表达了人们对这个年轻而生机勃勃的国度的美好愿望；还有象征自由的利伯提县（Liberty)、联合城（Union City）和独立城（Independence）等，强调了为国家的政治发展和民族生存而进行的早期奋斗。

2. 汉语地名

中国是以德为本的内倾性农耕文化，更追求和平与安定。作为一种泛伦理性的文化，也体现在地名上。所以，中国人给地方命名时，频繁使用

“吉”“康”“富”“顺”“寿”“安”等褒义字眼，常常寄托着对安定、吉祥、健康等的期盼。据李如龙教授统计，《中华人民共和国分省地图册》中所收地名中，有“太平”54处、“兴隆”24处、“安”字头地名125处。例如：

太平区、永安市、长宁县等这些地名，反映出人们对和平、安定生活的追求。

兴隆县、福安市、寿宁县、安康、延寿、怀柔、抚顺等地名，反映出人们对充实、富足生活的盼望，寄托着对富强昌盛的社会的终极愿望。

友谊县、崇仁镇、尚礼村、忠孝村、仁德路、遵义市播州区、仁爱、贵德、信义等这些地名，则反映中国传统文化中仁义礼智信以及忠孝勤俭勇等品质特征。

（三）以自然命名

自然与人的关系是人类共同面临的三大关系之一，所以人类对于大自然中的山川河流、动物和植物有着相同的情感。中西方都有很多地名与动物、植物、地形特征有关。

1. 英语地名

（1）以山水命名

英语中有很多以山水命名的地名。例如：

Vaucluse（沃克吕兹省），这是法国东南部的一个省名，以该省同名的泉水命名。

Piemonte（皮埃蒙特），该地位于意大利，以山脉皮埃蒙特命名，它因位于阿尔卑斯山麓而名。

美国的Mississippi（密西西比州）、Missouri（密苏里州）以及Tennessee（田纳西州）分别因地处密西西比河、密苏里河以及田纳西河沿岸而得名。

Columbia（哥伦比亚），这是美国的城市名称，其命名与哥伦比亚河和哥伦比亚峰有关。

Victoria（维多利亚），这是加拿大英属哥伦比亚之首府的名称，取名于维多利亚山，位于加拿大伯达省与英属哥伦比亚省之间。

Iceland（冰岛），此名源于此国八分之一的土地为冰川所覆盖。

Reykjavik（雷克雅未克），这是冰岛的首都名，意为“冒烟的城市”，最初时期的冰岛港湾到处白烟袅袅，这其实是众多的温泉和间歇泉的阵阵蒸气，于是因此得名。

（2）以动植物命名

西方地名中还有以动植物命名的。例如：Coburg（科堡），这是德国拜恩州北部城市，意为母牛城堡；WildHorse（怀尔德霍斯）意为野马；Eagle（伊格尔）意为鹰。这些都是美国地名以动物命名的例子。

Orange（奥兰治）意为橘子、White Apple（怀特阿普尔）意为白苹果，这是美国地名，且以植物命名。还有 Cannes（戛纳）意为芦苇等。

（3）以矿产命名

另外，西方地名也以矿产命名。例如：Almaden（阿尔马登），这是西班牙中部的一座城市，盛产汞矿。

Idaho（爱达荷州），这是美国的州名，意为高山上的宝石，因为此地群山之上盛产金银锌锑等多种有色金属和宝石。

（4）以地理方位命名

西方国家的很多地方以地理位置命名。例如，WestPoint（西点）因位于哈德逊河西岸而得名，Eastman（伊斯特曼）位于东方、West（韦斯特）位于西部、North（诺斯）位于北部等。

2．汉语地名

（1）以山水命名

中国现有的2 000多个县名中，其中以山为名的占很大比例。例如，浙江省的萧山、象山、常山、奉化、普陀、洞头、天台、青田等县名都得自同名的山岳；湖南省的衡山市、四川省的峨眉县，也因地处衡山和峨眉山而得名。

直接以江河溪水之名为名或以源于水的地名也很多，如浙江、黑龙江、湖南、青海等都是直接因山水得名。黄河就是因河水呈黄色而取名黄河。珠海因地处珠江三角洲而得名；湖南的沅江市因地处沅江流域而得名。

（2）以动物植物命名

中国地名借动物名为名颇为常见，某地某种动物较多或某地有某种珍稀动物，某地地形地貌之整体或局部之形状类似某种动物或动物的某个器官，习惯上就用某动物名命名该地，如龟背村、螃蟹坑等。龙虽然是虚拟动物，但是龙是中华民族崇拜、信仰的图腾，中国带“龙”字的地名特别多。

中国以树名命名的地名也非常多，几乎大部分树名都被用作地名，如皂树村、芭蕉村、杨梅垄、柿树坳等。中国动植物命名的地名，其象征意义更加突出一些，如“松”象征着高洁，以“松”命名的地名比较多。

（3）以矿产命名

以矿产之名命名地名的如浙江龙泉金田村、浙江宁波金沙岙、浙江云和的银坑坳等。

（4）以地理方位命名

中国的省名、市名、县名、村名中常常带有方位词，如河北省、淮南市、阜南县。

“水北为阳，山北为阴”，是中国地名命名的规律之一，源于中国传统文化的阴阳理论。中国地名中，用“阴”“阳”别方位的地名非常普遍，如洛阳、江阴等，相对来讲，阳字地名较阴字地名多。

（四）以数字命名

1. 英语地名

数字在西方的地名中也占有一席之地，如 Seven Sisters（塞文西斯特斯）意为七姐妹、Thousand Palms（绍森帕姆斯）意为一千棵棕榈树、Ten Thousand（万山群岛）意为一万、Twentynine Palms（特温蒂奈恩帕姆斯）意为二十九棵棕榈树、Six Mile（锡克斯迈尔）意为六英里等。

2. 汉语地名

中国人也用与该地名相关的数字来代替地名。有的数字则表示多的意思，有的是某地具有纪念意义的日期，这些数字有的是某地方特色建筑的数量，有的数字只是谐音，有的数字表示某地像该字形。例如：

三十六湾，此村地处险峻的山巅，该数字表示多的意思。

三七市镇，逢三、五、七、十日为市日，该数字表示该地有纪念性的日期。

三桥，村处三江口，有福清桥、万龄桥等三座桥相连，该数字表示该地建筑的数量。

六科，旧名鹿窠，地处绿溪口，有“绿水映石”之称，该数字名只是谐音。

八字墙、十字坡，这些数字象征着该地的形状。

（五）以人体命名

1. 英语地名

西方国家有不少以人体命名的地名。例如：

Tongue Point（汤角），表示舌尖。

Sleepy Eye（斯利皮艾），表示困乏的眼睛。

美国的 Heads（黑兹），表示头。

Hand County（汗德县），表示手。

Finger（芬格），表示手指。

Mouth of Wilson（茅斯厄夫威尔逊），表示威尔逊的嘴。Thumb（萨姆），表示拇指。

Arm（阿姆），表示手臂。

Blackfoot（布莱克富特），表示黑脚。

2. 汉语地名

中国将人体各部分用于地名命名时，通常采用比喻法，即把地理实体比喻成人体上的头、口（嘴）、舌、掌、腰、心、背等，以方便记忆。例如，浙江青田的海口、溪口、山口等。

二、英汉地名翻译

（一）音译法

音译，即根据地名原本的英语读音，用读音与之相近的汉字进行模拟与拼合的翻译方法，这是在翻译英语地名时使用最为广泛的一种方法。在使用该翻译方法时，要注意以下几点要领。第一，选用的汉字要与英语原名读音相近，并能大致拼出地名原本的读音。第二，要注意音译汉字的形体结构和寓意，尽量使用常用字进行音译，避免选用生僻字或读音拗口的字。纵观当今英语地名的汉语音译，几乎所有译名选用的都是常用汉字。第三，要做到统一规范，避免一地多译现象的存在。例如：

England　英格兰

London　伦敦

New York　纽约

Los Angeles　洛杉矶

Chicago　芝加哥

Liverpool　利物浦

（二）意译法

意译即根据英语地名的实际语义来予以翻译的方法，意译法使用的范围也比较广，主要用于以下两种情况。

第一，当原地名具有实际语义，且通过语义能表现出该地的地理特征等信息时，一般采用意译。例如，将Pearl Harbor译为“珍珠港”，就表现了该地作为港口的重要地理信息；将Salt Lake City译为“盐湖城”，也体现了该城市位于大盐湖附近的地理特征。

第二，当采用音译显得译名过长，也可采用意译。例如，如果将San Francisco音译为“圣弗朗西斯科”，音节数量比较多，因此就意译为“旧金山”。汉语地名注重简洁，如果将英语地名按照音译法翻译成汉语，可能会造成译名过长的问题，因此英语地名可以尽量使用意译法。

（三）音义结合译法

有的英语地名既不适于完全音译，也不适于完全意译，因此多采用音义结合的译法，即将地名中意义较为明确的部分予以意译，意义不明或不便翻译的部分则予以音译。例如：

Philadelphia　费城

New Orleans　新奥尔良

Southampton　南安普敦

在采用音义结合的方法翻译时，当遇到一些有约定俗成的汉语译名的英语地名时，为了不造成译名的混乱，直接使用惯例译名即可。

第三节　英汉景点命名文化对比与翻译

旅游行业在全球范围内日益繁荣，景点的命名文化在吸引游客和传达地域特色方面起着至关重要的作用。英汉两种语言在景点命名上各有特色，反映了各自的文化传统。下文将介绍英汉景点命名文化的异同，并分析翻译过程中应注意的技巧与策略。通过对比研究，可以提高我们的翻译水平，为旅游行业的发展作出贡献。

一、英汉景点命名文化的对比

（一）英语中的景点命名文化

英语景点命名特点如下：

1. 根据地理特征命名

以地理位置、地形、气候等为基础命名，如Yosemite National Park（约塞米蒂国家公园）。

2. 根据历史文化命名

以历史事件、人物、神话传说等为依据，如 Gettysburg National Military Park（盖茨堡国家军事公园）。

3. 根据自然景观命名

以动植物、地貌等为特点命名，如 Grand Canyon National Park（大峡谷国家公园）。

（二）汉语中的景点命名文化

汉语景点命名特点如下：

1. 根据地域特色命名

反映地理环境，如五岳（泰山、华山、衡山、嵩山、恒山）。

2. 根据历史文化命名

体现历史传承，如故宫、颐和园等。

3. 借助诗情画意命名

借助诗词歌赋表达美景，如苏堤春晓、曲院风荷等。

（三）英汉景点命名文化的异同

1. 相同点

英汉景点命名均注重反映地理环境，体现地域特色。两者都以历史文化为依托，展示景点的底蕴。

2. 不同点

在表达方式上，英语景点命名较为直接，汉语景点命名更具诗意。在文化内涵上，英语景点命名侧重于自然景观，汉语景点命名强调人文与自然的结合。

二、英汉景点名称的翻译方法

英汉景点名称的翻译要做到：

第一，忠实于原文。在翻译过程中，要准确传达原文的含义，保持文化内涵的一致性。

第二，语言表达准确、流畅。英汉翻译要注重语言的准确性、流畅性和可读性。

第三，保留特色。在翻译过程中，尽量保留原文的地域特色和文化特点。

第四，灵活处理。针对不同类型的景点，采用不同的翻译策略，如直译、意译、借译等。

对旅游景点名称的翻译最好能够更好地传达出深层次的每个景点所特有的文化底蕴。针对景点名称的翻译，主要有以下四种翻译方法。

（一）音译法

通常当遇到用人名和地名来命名的旅游景点，还有一些有特殊意义的特定景区名称，由于英汉两种语言存在语义空白，两种语言的语义不对等，会采用音译法来翻译，这是景点名称翻译中最简单、最常见的一种翻译方法。这种方法主要根据汉语读音，将景点名直接用汉语拼音标注。这种翻译方法虽然不能传递出更多的关于景点的信息，但也能够让其他国家的人们体会到中国汉字发音，对引起他们对中国文化的兴趣也是大有好处的。

旅游景点以人名来命名时或者与某些历史人物相关联时，我们常常对这些人名采用音译法。如：李白译为 Li Bai；周恩来译为 Zhou En-lai；毛主席纪念堂译为 Chairman Mao Ze-dong Memorial Hall，对于历史景点的译名也采用音译和直译相结合的方法。总的来说，对人名的翻译使用该种方法是比较直接有效的。

以本地地名来命名的旅游景点，一般按汉语拼音字母来直接音译命名。如：北京译为 Beijing，桂林译为 Guilin，乾清宫译为 Qian Qing Gong。一些城市的名称直接采用音译法比较容易理解且朗朗上口，但是有历史典故和深厚文化渊源的旅游景点，音译法在传递信息和文化输入功能上就很弱。

（二）直译法

当景点的名称中包含了人名和地名等专有名称，又包含了通用名称，我们会采用逐字翻译，以单个汉字为单位进行的翻译，也就是直译的方法。这种方法也是汉译英时常常选用的最基本方法。翻译的英译名都基本保持了景点中文的语言形式，通顺易懂，是一种被广泛运用的翻译方法。例如：黄河三峡景区译为 the Yellow River in the Three Gorges Area，郁金香园译为 tulip garden，青龙寺译为 Green Dragon Temple，黄鹤楼译为 Yellow Crane Tower，鼓楼译为 Drum Tower，大冰瀑布译为 the Grand Ice Fall 或 the Great Frozen Waterfall，碑林译为 Stone Forest。当然也有音译和直译相结合的情况，如张家界风景区就被译为 Zhangjiajie Scenic Spot，杜甫草堂就被译为 Dufu Cottage。

当源语言和目标语言有相对应的词汇表达时，源语言和目标语言能够有所对应，这种方法对旅游景点名称的翻译就最直观，能让外国的游客更容易理解。虽然直译法比音译法的适用范围还要更大，但它和直译法一样，对于有历史典故和文化底蕴深厚的旅游景点的名称翻译，文化的传播功能也不够强。

（三）意译法

很多旅游景点都有其丰富的文化历史背景，有很多历史典故和文化渊源，在翻译此类旅游景点的名称时，简单明了的直译法不能够表达出景点深层次的历史文化内涵。为了使国外的游客更深刻地感受到中国历史文化，突出各个旅游景点的不同特点，对于这类旅游景点我们多采用意译，不拘泥于名称的某一个字或者词的翻译，而是从整体和旅游景点背后隐藏的历史文化出发，进行深层次的理解和翻译，争取成功地表达出文化内涵，消除文化差异。例如：颐和园被译为Summer Palace；景点郭岗顶地形如莲花宝座，故英译名为Guogangding Lotus Peak；收藏了藏传佛教各家各派的经典书籍印版的德格印经院，英译名为Dege Scripture Printing Lamasery或Dege Buddhist Sutra Printing House。译文都有效地传达出了源语言信息并且能够最大限度地突出所译景点的特点和历史背景，使寓意更加深远。

（四）音译法和意译法相结合

一般旅游景点的名称，从语法结构上分析大都由专有名词加上种类名称的偏正词组形式构成，基本上也都以词组或者短语的形式出现。在对这类旅游景点名称进行翻译时一般对专有名词采用音译法，即对景点的名称直接用汉语拼音标注，在后面附加括号内加注英文翻译的方法。这种翻译方法不仅能弥补单纯音译不能够表达深层次文化内涵的缺点，又可以避免了一些较难翻译的词语在直译时出现的语义误解、词不达意、表达累赘等弊病。如花港观鱼被译为viewing fish at flower harbor；孤山被译为solitary hill；断桥残雪被译为melting snow on broken bridge。这样包含的信息量大且意味更加深远。

英汉景点命名文化各具特色，反映了两种语言背后的文化传统。在翻译过程中，译者应充分了解两种文化的差异，运用恰当的翻译技巧，使译文既能传达原文的含义，又能保持原文的特色。通过对比研究，我们可以提高翻译水平，为旅游行业的发展作出贡献。

总结而言，英汉景点命名文化是两种语言在旅游行业中的重要表现形式，深入了解其异同及掌握翻译技巧对于提高旅游行业服务水平、促进跨文化交流具有积极意义。通过对英汉景点命名文化的对比研究，我们可以更好地把握两种语言在景点命名上的特点，为旅游行业的发展贡献力量。同时，也有助于提高翻译工作者的翻译水平，推动中西方文化交流。在此基础上，有望进一步拓宽研究领域，为英汉景点命名文化的研究提供更多有益的启示。

第四节　英汉旅游文化对比与翻译

旅游业的迅速发展对全球的经济文化产生了巨大影响，旅游翻译的地位也逐渐提高。旅游翻译主要用于吸引游客并向游客提供充分信息以激起游客的兴趣并传播中国文化，诱导性和信息性是旅游翻译的两大功能。语言是文化的一面镜子，离开文化因素要全面准确地掌握一个民族的语言是不可能的。下文将对旅游文化中的导游词、公示语和旅游广告的英汉对比进行论述。

一、导游词的英汉对比与翻译

东西文化是世界上差异最大的两种文化，英语导游词作为中西文化交流的一种重要渠道，里面富含众多具有鲜明中国文化特色的信息，如四字成语、诗歌、传说、谚语、对联等。如何把这些文化信息有效地传达给外国游客，是译者应该考虑的问题。而作为翻译者，母语文化先入为主的优势往往影响着导游词的翻译和创作。导游词的翻译与创作中，译者要把具有跨文化思想的内核，译成最近似的自然等值或完全类似。作为旅游活动，不应仅仅满足游客的视觉快乐，还应与文化相对接，提升旅游活动的内在文化品位，传承历史文化。导游词英汉翻译具体要注意以下几点：

（一）注重研究文化底蕴，精选关键词语

导游在翻译景点名称时必须持严肃谨慎的科学态度，尤其要注意的是许多景点名称的翻译。由于这些名称源远流长，或经历了历代文人墨客的想象与加工，再加上某些汉字词义的宽泛和指称意义的笼统，翻译时同一个汉字词语在英译时需要根据景点所含的寓意译为不同的英文词语。这就需要译者对本国文化和语言文字具有较深的了解和研究，选择恰当的词语准确地翻译。

对于旅游景点名称的翻译应该注意研究词语的文化底蕴，要观其名，知其

实，切忌望文生义。例如，“大观园”内有个“稻花村”，从字面上看是个村，但实际上它不是一处村落，却是一座古朴的农舍，因此就不能直译为 Paddy Sweet Village，应译为 Paddy Sweet Cottage。

（二）采用异化策略，保留源语民族特色

对于包含很强文化色彩和民族性的特定形式和表达方式，异化手段最能体现源语的这种民族色彩，使外国游客感到新颖、生动，从而大开眼界，获得知识和启迪。为了满足文化交流的需要，译者在进行导游词的翻译与创作时应尽可能地采用异化策略，最大限度地保留源语中的异质成分，把源语中的信息尽量原原本本地传递给游客。

此外，异化手段的运用还能够丰富目的语的语言表达方式，并给目的语文化输入新鲜血液，使目的语的语言和文化不断得以发展，保持活力。在大量的翻译实践中，许多其他民族的文化因素借助于异化翻译手段进入中国，给中国传统文化增添了不少异域文化因子，并极大地丰富了汉语语言。例如，掉鳄鱼眼泪（shed crocodile tears）、蜜月（honeymoon）、象牙塔（ivory tower）等通过异化手段翻译过来的表达法早已为人们所熟知和使用。

近些年来，英语中出现的 kung fu（功夫）、qigong（气功）等便是汉语文化丰富西方文化的例证。中国灿烂的文明，悠久的历史，一直是国外游客关注的焦点。导游词翻译必须把有关中国文化事物的信息传递给生长于另一种文化环境的游客，以便使他们产生与我们相似的感受。有人把亚洲四小龙译为 four tigers，认为龙（dragon）使西方人产生邪恶怪物的联想，把龙译成 tigers 达到动态对等。然而，中国是龙的故乡，中国人是龙的传人，在中国关于龙的文化是不应该避开的。因而还是译成 four dragons，并应对中国寓意于龙的蓬勃腾飞形象加以解释。

（三）灵活运用归化策略，以客为主

翻译中的归化是把源语中的语言形式和文化因素尽量用目的语中最切近的对等形式来表达，转化为目的语听众所熟悉和了解的形式。这无疑避免了因源语文化和目的语文化的差异而造成的文化冲突和理解障碍，使听众能更好地理解原文，以便于交谈双方的互动性交流。

导游词最为显著的特点是服务游客，所以我们在翻译时要始终遵循服务游客的原则。导游词是以口语形式介绍给游客的，转瞬即逝，考虑到游客的接受性及

介绍的现场效果，我们要选择考虑目的语和译文读者的归化策略。也就是说，导游词翻译应尽可能地为外国游客所接受和理解。例如：

开元寺建于唐垂拱二年。

The Kaiyuan Temple was built in the second year of Chuigong of the Tang Dynasty.

这样的译法让外国人听懂确实不易。其实，对普通外国游客来说，译为“The Kaiyuan Temple was built about 1300 years ago in the Tang Dynasty.”更易理解。

总之，在导游词的翻译与创作中，英译工作应保持文化个性，平衡文化效果，并以此为依据和基础，译出历史渊源，译出文化传统，译出纵横区别。这既是英译的目的，游客的期待，又是全球经济一体化形式下维护文化多样性的需要。

二、公示语的英汉对比与翻译

在公共场合使用的各种各样的公示文字语言就是公示语。由于中西方文化的差异，使得其在遇到一些旅游公示语时无法正确地理解，从而难以做出正确的判断。所以，在翻译公示语时，要掌握一些策略。

第一，翻译时尽量用汉英文化中在相同场合使用和有同样功能的公示语。

当前，我国有一些汉语公示语其实是汉语文化中独有的，英语没有任何可以对应的说法。对于这类公示语，译者需要考虑的是有没有必要将其翻译成英文，而不是如何译。有些汉语公示语可以参照国际英语标识语和提示语直接译为英文，有的则要根据当地的实际情况做一定变通。例如：

Love me and love my dog.

爱屋及乌。

Union is strength.

团结就是力量。

第二，公示语翻译要避免产生负面影响。

对于一些有着中国本土意义的公示信息经过确认应该进行保留，当无法找到相应的英文时，应结合功能需要选择适合的形式进行翻译，然后尝试用于部分海外旅游者中，待确认无误后方可使用。例如，出现在车站、码头的“小心扒手”(Be watchful for pickpockets.)。再如，No Spitting(严禁随地吐痰)，Pay Toilet(收费厕所)，No Gambling（禁止赌博）等。

第三，翻译公示语时要注意词语的使用，避免产生误解。

将汉语公示语翻译成英文时，要使用国际通行、惯用的对等的词汇进行翻译，避免因用生僻语汇而带来误解。因为公示语对于公众和旅游者来说都非常重要，所以其存在任何歧义、误解、滥用都将产生不好的后果。例如，某宾馆的公示语“请让我们的工作人员为您服务”被翻译成“Please let our maids come to your room and serve you.”，这样翻译很容易让读者产生误解。因此，这句话的正确译文是“Please call for room service.”。

第四，公示语的翻译应与目的语表达的习惯一致。

在翻译公示语时，还应该考虑目的语国家人们的表达习惯。例如，如今很多城市都实行了公交车无人售票，前门上车，后门下车。“后门下车”对应的英文是“Please exit via rear door.”。很多国家的公交车都专门设有老弱病残者的座位，如“Please offer seat forward of this sign to the elderly and handicapped.”使用了祈使句，且用一个“请”字，表达了诚恳的态度。

三、旅游广告的英汉对比与翻译

旅游广告属于一种广告文体，在用词、修辞等方面都有着独特的语言特征。从功能角度来讲，旅游广告属于“呼唤型”文本，其目的是向大众宣传旅游景点、旅游产品、旅游服务等，说服大众前往目的地游览或购买旅游产品。

随着中国社会经济和旅游产业的发展，旅游广告宣传不再只是单纯地面向本国消费者，更多的是趋于国际化。因此，旅游广告翻译发挥着重要的作用，其翻译的质量直接影响着旅游的宣传效果。因旅游广告翻译属于跨文化翻译，所以在翻译时要考虑汉英旅游广告在语言上的差异，同时要注意汉英旅游广告在文化背景方面的差异。要进行有效的旅游广告翻译，需要注意以下两点：

（一）时空变换

时空变换指的是无论翻译年代久远的古代作品，还是翻译当代的文章，译者都应使用读者所偏好或习惯了的语言文字，以适应他们的阅读习惯和文字审美取向。任何原作和译作都是为各自的目标读者而准备的，应该照顾和适应各自目标读者的语言偏好和当时的社会场景，这正是翻译中语言的时空变换观所依据的认识语言学观点。也就是说，译作必须使用译者所处时代的目标读者所喜欢和习惯了的通用语，才能使译作与原作一样，通过给自己的目标读者以方便的阅读文字，达到让他们接受的预期目的。例如：

轻而易举游遍北京。

原译：It’s a piece of cake to visit Beijing.

改译：Visiting Beijing，Easy！

上述原译循规蹈矩，缺乏动感和吸引力，有着明显的汉语印记，而改译则言简意赅，更符合广告语的语言习惯，可使游客兴趣盎然。

（二）变通与补偿

由于源语文化和译语文化之间的差异，源语符号和译语符号几乎不可能在指称、语用和言内三个意义层面上一一对应。为了在译语语法和惯用法的范围以内保证特定上下文中最突出或最重要意义的优先传译，争取原文和译文最大限度的等值，变通和补偿手段是不可缺少的。英国著名翻译理论家纽马克（Newmark）认为，补偿主要用于弥补译文在语义、声音效果、修辞及语用效果等方面的缺损。柯平教授认为变通和补偿的主要翻译手段是加注、增译、视点转换、具体化、概略化、释义、归化和回译。

所有旅游广告的目的都是让消费者购买产品、服务和创意，所以译者的任务就是完整地表达源语广告的信息与文化，使源语广告适应目的语文化以达到广告的促销效果。例如，“狂欢北戴河”如果直译为crazy Beidaihe，会让人误以为北戴河出什么问题了，译为Beidaihe roars不仅能让游客明了其含义，也能激起游客的热情。再如，“新北京，新奥运”不能译为“New Beijing，New Olympics”，译为“New Beijing，Great Olympics”会更具吸引力。

总体而言，作为一种对外宣传途径，旅游广告翻译发挥着巨大的作用，也越来越备受重视。在翻译中译者应采取适当的策略，能够再现源语的语言效果并传达言外之意，让游客获得喜闻乐见的信息和文化知识，进而达到宣传的效果。

参考文献

[1] 蒋林，余叶子．旅游翻译读本 [M]. 南京：南京大学出版社，2021.
[2] 李稳敏．跨文化传播视域下的翻译研究 [M]. 成都：四川大学出版社，2017.
[3] 梅明玉．英汉语言对比分析与翻译 [M]. 杭州：浙江大学出版社，2017.
[4] 罗选民．英汉语比较与翻译 [M]. 上海：上海外语教育出版社，2019.
[5] 隋虹．跨文化交际与文化习俗 [M]. 武汉：武汉大学出版社，2016.
[6] 宋平．英汉文化对比与翻译 [M]. 长春：吉林大学出版社，2021.
[7] 孙蕾．英语文化与翻译研究 [M]. 北京：中国书籍出版社，2013.
[8] 蒋德诚．英汉词汇对比研究 [M]. 南京：东南大学出版社，2014.
[9] 王宇弘．英汉语通感隐喻对比研究 [M]. 上海：上海外语教育出版社，2011.
[10] 杨林．英汉文学语篇翻译中的连贯问题研究 [M]. 银川：宁夏人民出版社，2007.
[11] 颜春晖．基于翻译目的论视域下的科技英汉翻译实践研究 [J]. 文化学刊，2023（12）：187-190.
[12] 史一鸿．概念整合理论下的英汉习语翻译 [J]. 云南大学学报（自然科学版），2018，40（增刊 1）：58-60.
[13] 王迪．从词汇语义学视角解读英汉互译中的差异 [J]. 海外英语，2023（22）：75-77.
[14] 成刘祎．英汉“颜色形容词 + 宾语”构式特征及其认知理据 [J]. 外语教学，2023，44（6）：29-36.
[15] 徐瑞芳．基于跨文化交际视角下的英汉翻译归化与异化策略研究 [J]. 汉字文化，2023（20）：172-174.
[16] 王思蓉．文化差异对英汉翻译准确性的影响及应对策略 [J]. 英语广场，2023（30）：16-19.

[17] 程爱丽，夏伦．长难句中的英汉语言差异体现及其翻译策略 [J]. 英语广场，2023（26）：45-49.

[18] 董普凡，蒋彩霞，许鹏远．基于语料库的英汉被动语态对比研究 [J]. 海外英语，2023（16）：53-55.

[19] 李建娜．基于英汉两种语言的差异探析翻译技巧的应用 [J]. 现代英语，2023（16）：95-98.

[20] 李锐鹏．英汉文学作品翻译中的句式差异及其原因 [J]. 中国民族博览，2023（14）：241-243.

[21] 刘庚．英汉文字和语言结构的时空性差异 [D]. 北京：北京外国语大学，2022.

[22] 袁静．英汉谚语的对比分析：以英汉时空性差异论为视角 [D]. 北京：北京外国语大学，2021.

[23] 王欢欢．英汉学习词典中动物隐喻的表征研究：以动物习语为例 [D]. 广州：广东外语外贸大学，2022.

[24] 邓奇．认知视角下英汉感知形容词的对比研究 [D]. 长春：东北师范大学，2020.

[25] 姜卓林．英汉被动语态的认知语用对比研究 [D]. 长春：吉林大学，2014.

[26] 刘晋．英汉形容词的概念化及其对句法的影响 [D]. 长沙：湖南师范大学，2014.

[27] 田蔷薇．英汉植物词隐喻认知的文化对比研究 [D]. 重庆：西南大学，2014.

[28] 薛亚红．英汉颜色词次范畴对比研究 [D]. 长春：东北师范大学，2014.

[29] 官典．从英汉句子结构差异看长难句翻译 [D]. 重庆：重庆大学，2014.

[30] 韩玮．英汉主观位移句的对比研究 [D]. 杭州：浙江大学，2013.